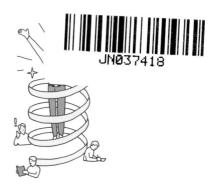

今日がもっと楽しくなる

Today will be more fun

# 行動

BEHAVIOR OPTIMIZATION ENCYCLOPEDIA

# 最適化

# 大全

ベストタイムにベストルーティンで
常に「最高の1日」を作り出す

## 樺沢紫苑

Zion Kabasawa

KADOKAWA

「仕事がうまくいかない」「会社が楽しくない」
「人間関係で悩んでいる」「疲れがたまっている」
「健康に不安がある」「なにがしかの"悩み"がある」

あなたは、これらに心当たりはありませんか?

ほとんどの人は、仕事、人間関係、健康などの悩みを抱えながら、どうしていいかわからずに、多くのストレスを抱えて生活を送っています。

私は精神科医として、これらの問題を解決するために本書を書きました。

本書を読めば、たったの3分で、日常生活の9割の「悩み」「疑問」「ストレス」の解決法、対処法を学ぶことができるでしょう。

なぜなら、これまで私のもとに届いた1万件以上の日常生活の悩み相談や質問の中で、最も多かった50個のテーマをピックアップし、解決方法を紹介しているからです。

これらの悩みが解消できれば、ストレスがなくなり、「最高の1日」を楽しむことができます。

毎日が「最高の1日」になれば、「人生が最高」になるのです。

自己紹介が遅れましたが、私は精神科医の樺沢紫苑と申

します。これまで『学びを結果に変えるアウトプット大全』（サンクチュアリ出版）、『精神科医が教えるストレスフリー超大全』（ダイヤモンド社）など、36冊を上梓し、累計180万部以上の本を出版しています。

また、YouTube『精神科医・樺沢紫苑の樺チャンネル』では、6年以上、心や健康の悩みを解決する動画を毎日配信。すでに3000本以上の動画がアップされています。

私のYouTubeには、毎日約30件の相談メールが届きます。その9割は、ほぼ重複した質問です。

その解決法は、過去の私のYouTubeやこれまでに出版した自著に書いてあります。

しかし多くの人は、そうした「答え」に到達するのが難しいようです。

文章を読む習慣がない人、あるいは検索が上手にできないために適切な答えにたどりつけない人もいると思います。

そのせいで今、悩まされている問題の解決法や対処法を知ることができず、毎日、ストレスを増やし、精神的に落ち込む人がいます。ひどい場合は、メンタル疾患に陥る人もいるのです。

本書は、そのような「文章を読むのが苦手だ」という人でも、一目見ただけで解決法がわかるようにイラストにしました。第Ⅰ部のイラストと第Ⅱ部のエビデンスの構成になっていますが、伝えている内容は同じです。

だから、文字が詰まった本を読むのが苦手だという人は、

イラストだけを見てください。

　最近、コロナ禍で、若者の「うつ病」が増加しています。そのような兆候がみられる人でも自分で解決策を知ることができるようにと、ポイントを絞り簡潔にわかりやすいイラストを描き下ろしていただいたのです（詳しくは、P4-5の「本書の使い方」をご確認ください）。

　さらに詳しく知りたい人は、第Ⅱ部を読んでください。世界の最新研究データや精神科医としての私の経験をもとに解説しています。

　本書は、私がこれまで出版した36冊（約1万ページ）、動画3000本（約250時間）の総集編です。

　「生活習慣」「仕事」「人間関係」の最適化の膨大な情報を50個の切り口、3～4つのポイントで明快にまとめたのが、本書の『行動最適化大全』になります。

　必要な情報に最速でアクセスできて、3分で「TO DO（すべきこと）」を学べる。イラストも豊富で普段本を読まない人でも、直感的に理解していただけるはずです。

　精神科医として、また一個人として、あなたが本書を活用して「生活習慣」「仕事」「人間関係」を最適化し、「悩み」や「ストレス」から解放されることを切に願っています。

　日々を最適化することによって、あなたの仕事や人生は、もっと楽に、もっと楽しくなるのですから。

## 本書の使い方

本書は、あなたが最適化したい時間や
仕事、人間関係などを目次でみつけて、
イラストで見て、エビデンスを読んで
理解していただくものです。

### ■ 目次 で最適化したいテーマを探す

日常生活で多くの人が悩んでいる
約1万件の質問の中から
50個のテーマを選びました。

### ■ 第1部のイラスト で改善方法を知る

お子さまにでもわかるように、
各テーマで重要な
ポイントを2、3個に絞り、
イラストで紹介しています。

ここに書かれている
「最適化」のページを参照

頭から読むのではなく、

目次　→　イラスト　→　エビデンス

の順に見ていくとわかりやすいでしょう。
またお子さまには、第I部のイラストだけをみせても
理解できるようになっています。

## ■ 各章のはじめで詳しい最適化をチェック

最高の1日を
つくるために必要な
それぞれの
最適化の行動を
詳しく書いています。

## ■ 第II部のエビデンスでより深く理解する

論文や学術的
研究データ、
また著者の
精神科医としての
経験に基づいた
エビデンスを
まとめています。

第 **I** 部

# イラストでわかる

## 最高の1日をつくる行動の最適化

第 **Ⅱ** 部

# 最新科学・研究結果で説明する

最高の1日をつくる行動の最適化

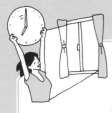

第 **I** 部

イラストで
わかる

## 最高の1日をつくる
## 行動の最適化

1日のスタート

# 「朝起き」

## を心地よくむかえる

1

毎日、同じ時間に
起きる

**2**
早すぎるのは
ダメ！

**3**
朝日を浴びながら
散歩する

「起床時間」
の最適化
↓
体内時計が整い
高いパフォーマンスに
つながる
P116

健康的なよい習慣

# 「朝型生活」

## に切り替える

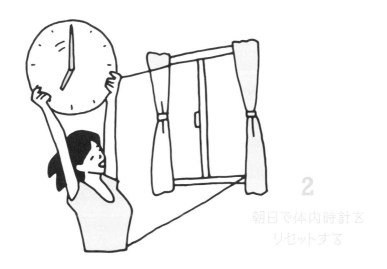

**2**
朝日で体内時計を
リセットする

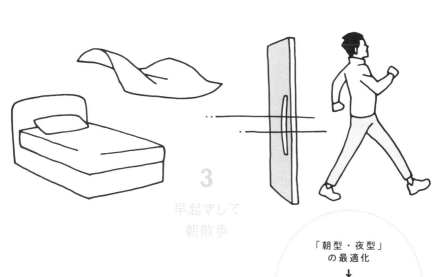

**3**
早起きして
朝散歩

「朝型・夜型」
の最適化
↓
朝型、夜型の遺伝子は、
「環境」によって
大きく左右される
P120

スッキリと気持ちのいい

# 「目覚め方」

## を学ぶ

1

カーテンを
開けたまま寝る

「覚醒」の最適化
↓
セロトニンが分泌されると、
「爽やか」「気持ちいい」
という気分で起床できる
P125

あらかじめ決めた
# 「朝のルーティン」
## をこなす

目覚め

トイレ

コップ1杯の常温水

熱めのシャワー

「朝のルーティン」
の最適化

↓

朝は心筋梗塞、脳卒中など
を引き起こす危険性が
高いのでそれを回避する
ルーティンをつくる
P130

はだかで体重を測る

身支度

1日スタート

穏やかな

# 「朝散歩」

## を日課にする

### 1

まず5分、慣れたら
15〜30分程度
リズムよく歩く

**2**
太陽の光を
胸いっぱい浴びる

**3**
日向ぼっこでもOK

「朝散歩」の最適化
↓
朝散歩には、
セロトニンの活性化、
体内時計のリセット、
ビタミン D の活性化の
3つの効果がある
P135

どんなに忙しいときでも

# 「朝ごはん」

## は必ずとる

1

バナナ1本でも
低血糖は改善する

**2**
体内時計は
朝食をとることで
リセットされる

**3**
1口30回噛む

30回

「朝食」の最適化
↓
各臓器の体内時計を
夜のモードから
昼のモードに切り替える
P139

# 脳が元気な朝の

# 「通勤・通学時間」

## をうまく使う

**1**

1日20分以上の
適度な運動

**2**

起きてから2〜3時間は
「脳のゴールデンタイム」

「通勤時間」
の最適化
↓
通勤時間を効率化すると
仕事のパフォーマンス
アップと健康増進の
一石二鳥
P143

効率アップの

# 「仕事のはじめ方」
## を実行する

**1**

メールチェック＆返信は
5分以内

**2**

本日やることを
書き出す

「始業」の最適化
↓
脳の疲労も考え
骨太な仕事からはじめる
P146

**3**

一番たいへんな仕事を
一番にはじめる

午後からも頑張れる

# 「昼休み」
## の使い方

## 1

外食ランチは
気分転換によい

**2**

緑の公園でのランチは、
ストレス発散効果
がある

**3**

20分前後の仮眠は
仕事効率をアップさせる

「昼休み」の最適化
↓
1ヶ月で5時間以上
自然の中で過ごせば、
ストレスが大幅に軽減され、
脳が活性化する
P152

ちょっとした

# 「休憩のとり方」

## で効率が変わる

1

脱スマホで、目を休める

**3**

1時間座り続けると
平均余命が
22分間短くなる

「休憩」の最適化
↓
長時間のデスクワークでは
15分に1回は、
立ち上がる
P156

効率を上げるには

# 「休むタイミング」

## が大切になる

# 1

50分仕事、
10分休憩がベスト

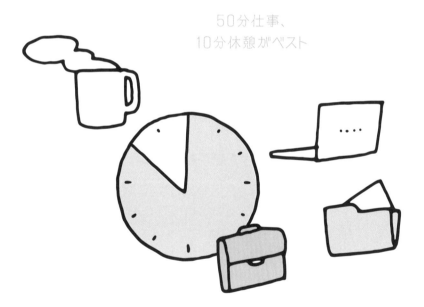

**2**

忙しいときは、
ちょっと立って仕事を行う

**3**

単純作業は
25分仕事、
5分休憩が
効果的

ポモドーロ・テクニック

「休憩タイミング」
の最適化
↓
飽きてくる作業は定期的に
休憩をはさむと
作業効率は高まる
P159

眠気が出る

# 「午後からの仕事」

## を 最 高 な 時 間 に す る

1

ランチは
食べすぎない

「午後仕事」
の最適化
↓
会議、打ち合わせ、
指示、確認、調整、電話、
メールやメッセージの
返信などに向いている
P163

モチベーションアップのため

# 「会議・打ち合わせ」を改善する

## 1

重要な会議は
時間厳守で活発にする

## 2

ダラダラと長い
朝礼や会議はやめる

「会議・打ち合わせ」
の最適化
↓
最低限必要な会議を
時間厳守で行う
P167

# パフォーマンスを上げる
# 「おやつ」
## の食べ方

## 1
### イライラしたときは
### 間食をするとよい

**2**
間食は
小分けのお菓子
1袋まで

30g

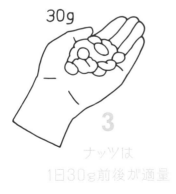

**3**
ナッツは
1日30g前後が適量

「間食」の最適化
↓
脳がストレスを受けると
通常よりも12％も多くの
エネルギーを使うので
間食で補う
P171

仕事の上で

# 「音楽の力」

## を最大限生かす方法

### 1

音楽は仕事中より
仕事前に聴く

**2**
単純作業は
音楽をかけると
効率が上がる

**3**
タイプにより
無音派と雑音派に
分かれる

「音楽」の最適化
↓
テンポの速い曲をかけると、
無音のときより
記憶力テストの得点が
約50％も低下する
P175

成 功 し て い る 人 は

「 遊 び 」

の 達 人 が 多 い

## 1

「遊び」は、リフレッシュと
エネルギー補給

**2**

遊びの予定は、仕事の
集中力を高める

**3**

遊びという極上時間が、
幸福感をもたらす

「遊び」の最適化
↓
まずはじめに
自分の極上の遊びを
みつけること
P180

目的なくダラダラと

# 「動画」

## を見てはダメ!

# 1

ニュースやスポーツ以外は、
録画して見る

# 健康×娯楽

**2**

運動しながら動画を見ると
健康と娯楽が
一気に得られる

**3**

ネガティブなニュースが多いので、
ニュース番組は、1日1回、1時間以内

「テレビ」の最適化
↓
ネガティブな映像は、
文字情報よりも
6倍気分を落ち込ませる
P184

百害あって一利なしの

# 「お酒」

## の飲み方

### 1

飲み屋での会社の愚痴は、
人間関係をより悪化させる

BEER
ロング缶
1本

WINE
グラス
2杯分

WHISKY
ダブル
1杯

**2**

お酒の量以上に、
毎日飲酒する習慣が
健康によくない

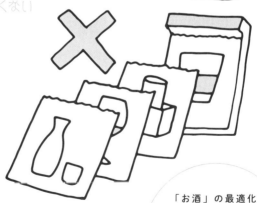

「お酒」の最適化
↓
多量飲酒は、
うつ病のリスクが 3.7 倍、
認知症のリスクが
4.6 倍に増える
P186

日々たまっていく

# 「疲れ」

## をとる方法

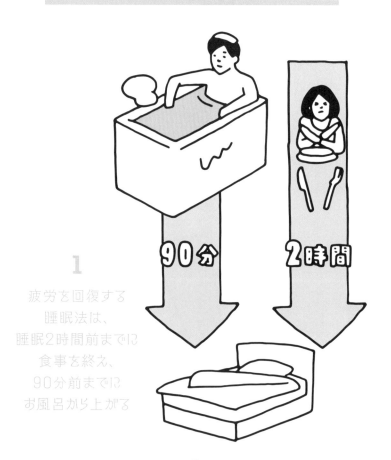

90分

2時間

1

疲労を回復する
睡眠法は、
睡眠2時間前までに
食事を終え、
90分前までに
お風呂から上がる

**2**

疲れたときは、休むのではなく
ジムで運動をする

「疲労回復」
の最適化

↓

最近「積極的休養
（アクティブレスト）」が
注目されている
P190

# よい睡眠は 「寝る前の2時間」 をどう過ごすかがカギ

1

入浴や読書など 暗めな部屋で リラックスする

## 2

ゲームや喫煙、激しい運動など
興奮するようなことはNG

「寝る前2時間」
の最適化
↓
夜の神経（副交感神経）
への切り替えには
約2時間が必要
P195

楽しいことを考えて

# 「眠り」

## につくことが大切

1

寝る前15分は、最も
「記憶する」「暗記する」
のに向いている

15分間

**2**

どんなにたいへんな1日でも寝る直前は
ポジティブ体験を思い出して
ハッピーな気分で眠る

**3**

3行ポジティブ日記をつける

「就寝直前」
の最適化

↓

人間の印象は
「ピーク」と「エンド」で
決まるので
エンドをよくする

P200

仕事のために
# 「集中力」
## を高める

1
起きてから2〜3時間が
最も集中力が発揮される

2〜3時間

## 2
### 30〜45分の
### 中強度以上の運動の後
### 集中力は高まる

30〜
45分

「集中力」の最適化
↓
15 − 45 − 90分の法則
P206

仕事や勉強の
# 「やる気」
## を出す方法

**1**

行動することで
感情が出る

**2**
はじめることで
気分が盛り上がる

**3**
「はじめる」ためのルーティンをつくる

「やる気」の最適化
↓
作業をはじめて、
脳が興奮してくるのを待つ
P210

「つらい」ではなく

# 「仕事を楽しめ」

## ば成果は上がる

1

楽しめば
脳のパフォーマンスは
上がる

**2**
小さな目標を立てて
達成感を味わう

インプット型

**3**
インプット型ではなく
アウトプット型の
働き方をする

アウトプット型

「仕事を楽しむ」
の最適化
↓
楽しいときに
ドーパミンは分泌される
P214

誰でもできる
# 「アイデア」
## の出し方

1

頭に情報を入れてから
数週間放置する

**2**

ひらめいたら
30秒以内に
メモする

30秒
以内

Bathroom　　Bus　　　　Bed　　　　　　　Bar

**3**

アイデアは、入浴中、移動中、
ベッドに入ったとき、
お酒を飲んでいるときに
生まれやすい

「アイデア出し」
の最適化
↓
疲れているときの方が
創造力のエネルギーが
20％増えている
P220

失敗しない
# 「プレゼンテーション」
## のやり方

### 1
準備は、資料づくりが6、練習が3、
質疑応答対策が1の割合

2

質疑応答の
想定問題は、
最低10問、
30問で一安心。
完璧を期して
100問つくる

「プレゼンテーション」
の最適化
↓
改善すれば、
出来は 20 〜 30 ％ほど
アップする
P223

## 試験やプレゼンの敵
# 「緊張」
## を味方につける

### 1

「ワクワクしてきた！」と口に出す

**2** 15秒
背筋をピンと伸ばす

**3~5秒**

**3** 20秒深呼吸を
3回繰り返す

**15秒以上**

「緊張」の最適化
↓
適度な緊張は
集中力を高め、
よいパフォーマンスが
発揮できる
P227

最高のツール

# 「スマホ」

## を上手に使う

## 1

使用は1日2時間以下にする

**2**

使えないように
ロッカーに入れておく

**3**

無目的に使うのが
一番ダメ!

「スマホ」の最適化
↓
スマホに気をとられると
ワーキングメモリや集中力が
10%、流動性知能が
6%も低下する
P230

在宅ワークのための
# 「自宅の仕事環境」
## を快適にする

仕事

休憩

**2**

仕事のコアタイムを
周知させておく

12時まで仕事中

**3**

机の上は
仕事のものだけにする

「自宅仕事」
の最適化（環境編）
↓
集中空間・時間を
意識的につくる
P235

もっとも効率のいい
# 「学習方法」
## を身につける

**1**

インプットと
アウトプットの
黄金比は、3対7

フィードバック

インプット
**3**

：

アウトプット
**7**

「アウトプット」
の最適化
↓
2週間で3回
アウトプットするのが、
「記憶の原則」
P240

2

インプット、アウトプット、
フィードバックの上昇スパイラルをつくる

覚えたものを忘れず

# 「記憶」

## にとどめる方法

1

試験勉強は、
必ず書くこと

「記憶」の最適化
↓
書くことで RAS
（脳幹網様体賦活系）
を活性化させ
記憶を強化する
P244

2
軽い運動をしながら
記憶する

3
6時間以上の睡眠がなければ
記憶は定着しない

15分間

6時間以上

## 学習効率を上げる
# 「インプット」
## のやり方

**1**

アウトプットしないと
すぐに忘れてしまう

アウトプッ

# 悩みの解決方法が書かれた

## 「本」

## の活用方法

1

読んで、
実践して、
チェックする
上昇スパイラル
をつくる

## 2

多読よりも
1冊をしっかり読み込む

「読書」の最適化
↓
本で解決法を知り、
実践、フィードバックで、
ほとんどの悩みは
解決できる
P252

## 3

読んだら「気づいたこと」
「すべきこと」を書く

人生に役立つ

# 「資格の勉強」

## を効率よくする

**1**

朝の30分は、
夜の90分にあたいする

暗記ものは、スキマ時間に！

**3**

過去5年分の問題を暗記する

5年分

「資格試験」の最適化
↓
制限時間仕事術と
併せて朝、夜に適した
学習をする
P256

三日坊主にならない
# 「続ける方法」
## をマスターする

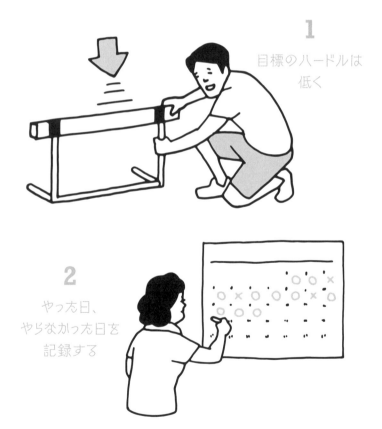

**1**
目標のハードルは
低く

**2**
やった日、
やらなかった日を
記録する

# 3

2日やらなかったら、
3日目は必ずやるというルール

「継続」の最適化
↓
「3日ルール」を守る限り、
何ヶ月、何年でも
継続できる

P260

# ムリやりに
# 「職場の人」
## と仲良くしなくてもよい

1

8割の
人間関係は
家族と友人

**2**

10人中、
あなたを嫌う人は1人、
あなたを好きな人は2人、
どちらでもない人が7人

**3**

攻撃してくる人には
親切にする

「職場の人間関係」
の最適化
↓
好意の1対2対7の
法則を知ること
P266

希望のある
# 「温かい言葉」
## をたくさん使う

**1**

悪口を言うほど、
ストレスは増える

失敗したん
だって…

ストレス

**2**

ネガティブな
言葉1に対して、
3倍以上の
ポジティブな
言葉を言う

いいよね

すごいよ

OK！大丈夫

ストレス

疲れた〜

「言葉」の最適化
↓
悪口を言うと
身体の免疫力が低下して
さまざまな病気の
原因をつくる
P271

# 数多くの言葉で
# 「伝える」
## よりも態度が大切

**1**

話す内容よりも
声のトーンや大きさ、
身振り、表情が重要

## 2
笑顔は「ウェルカム」というサイン

## 3
アイコンタクトは
「関心を持っている」
のサイン

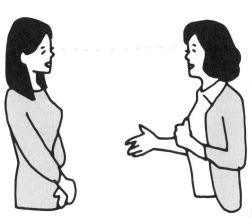

「伝える」の最適化
↓
ものを伝えるときは、
視覚情報が 55％、
聴覚情報が 38％、
言語情報が 7％
P275

一緒にいるからこそ

# 「パートナー」

## に感謝を伝えよう

## 1

相手への気持ちを
言葉に出し、
「感謝日記」をつける

**2**

相手のネガティブな言葉を
自分のポジティブな言葉で中和する

**3**

自分の思いを込めた
「Iメッセージ」で話す

「夫婦関係」の最適化
↓
2人で1つの
ポジティブな空間をつくる
P279

パートナーとのよい関係がよい

# 「自宅の仕事環境」

## につながる

1

ヤマアラシのように、
近づいたり離れたりを
繰り返し、お互いに
傷つかない距離を
見つける

午前

**2**

テレワークで、
妻の家事を
増やさないように
する配慮

**3**

午前は家、午後からはカフェ
のように仕事場所を変える

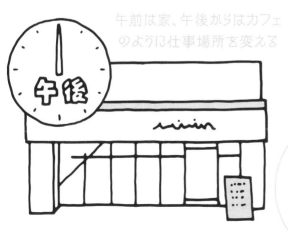

午後

「自宅仕事」
の最適化（夫婦編）
↓
相手への配慮、気遣いで
自宅仕事の環境が決まる

P282

つらいときこそ

# 「感情」

## をコントロールする

**1**

脳疲労の状態になると
感情が不安定になる

**2**

感情のコントロールに
必要な睡眠時間は
7時間以上

**3**

ストレスの原因や
心配事を人に話す

**4**

セロトニンの
分泌を高める
朝散歩をする

「感情」の最適化
↓
睡眠不足が5日間続くと、
うつ病や統合失調症に
似た状態になる
P286

孤独になる前に人との

# 「つながり」

## を大切にする

### 1
孤独は
心と身体の健康に
大きな悪影響を
与える

**2**

孤独の対策は、
まめに連絡をとること

**3**

「つながり」を
維持するには、
お互いに支え合う

「つながり」
の最適化
↓
つながりを持つ人は、
持たない人よりも、
早期死亡リスクが
50％低下する
P289

# 毎日の運動が
# 「健康」
# を支える

## 1

1日最低でも
20分のウォーキング

20分

**2**

週に2〜3回の
軽いジョギング

**3**

運動のお勧め時間は、
朝起きてからと
夕方16時ごろ

「運動」の最適化
↓
1日20分の早歩きで
生活習慣病のリスクが減り、
死亡リスクが約半分になり、
平均寿命が
4年半も延びる
P294

永遠の課題

# 「ダイエット」

## を正しくやる

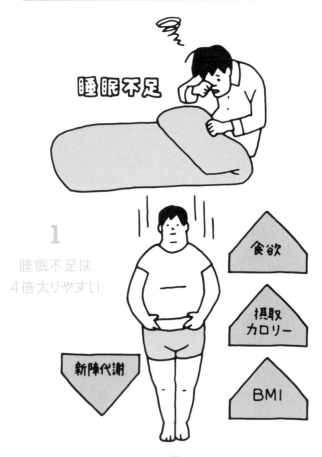

睡眠不足

1

睡眠不足は
4倍太りやすい

食欲

摂取
カロリー

新陳代謝

BMI

**2**
毎日の体重測定で
ダイエットは続く

**3**
万病の薬、朝散歩は
ダイエット効果も高い

「ダイエット」
の最適化
↓
データによると睡眠が
6時間以下の人は、
摂取カロリーが1日に
385kcal 増える
P299

どんな人にもたまる

# 「ストレス」

## の解消方法

1

ストレスは大きさよりも、
夜間にかかるのがダメ

**2**
グッスリ眠るのが
一番の解消法

**3**
問題解決のためではなく、
ただ話す

**4**
適度な運動と朝散歩が◎

ストレス

「ストレス」の最適化
↓
「ストレスが健康に悪い」
という思い込みが、
よりストレスの影響を
受けやすくなる
P303

ただ飲むだけではダメ

# 「水分」

## のよいとり方

1

水分は1日を通して
こまめにとる

**2**

1日の必要水分摂取量は、
飲み物から1.5ℓ、
食事で1ℓ、合計2.5ℓ

**1.5ℓ** **1ℓ**

**3**

甘い飲み物や
アルコールなどの水分は避ける。
水が一番

「水分補給」の最適化
↓
起床直後は
「血液ドロドロ」の
脱水傾向になっているので
水分補給が必要
P307

多くの人に愛されている
# 「コーヒーの飲み方」
## の正解

1

がんや
心臓疾患などの
リスクを減らす

## 2

朝、休憩時、運動前、
運転中に飲むのがよい

「コーヒー」
の最適化
↓
コーヒーの飲用で
うつ病リスクが20％、
認知症リスクが
65％低下する
P311

## 3

コーヒーを飲んでいいのは
14時まで

成長するためには

# 「まずやってみる」

## ことが一番大切

**1**
本で読んだことを
実践する

**2**
健康によいものは
「気持ちいい」ので、
その自分の感覚を
信じること

健康に
よいもの

**3**

能力を120出そうと
思うと苦しい。
日々90くらいの力で
取り組むこと

「行動」の最適化
↓
自分の感覚を大切にして
無理をせずマイペースで
行動する
P316

どんなときでも

# 「幸せ」

## を感じることはできる

---

**1**

心と身体の健康から
生まれる

## セロトニン的幸福

**2**

人とのつながりから
生まれる

## オキシトシン的幸福

**3**

お金や目標達成から
生まれる

## ドーパミン的幸福

ドーパミン

オキシトシン

セロトニン

「幸福」の最適化
↓
重要な順は、
健康 > つながり > 成功
P320

109

# 成長の仕組みがわかれば
# 「人生」
# をよりよくできる

## 1

はじめは努力した2割くらいの結果しか出ないが、
最後で飛躍的な結果が出るのが成長曲線

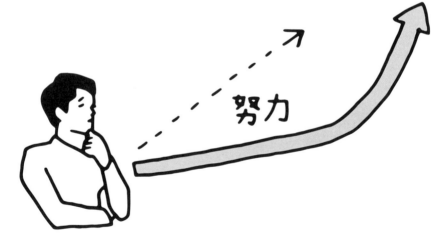

努力

**2**

日々、ポジティブな
言葉を使う

**3**

毎晩寝る前、幸せだったと思う。
それが50年続けば、
人生が幸せになる

「人生」の最適化
↓
精神科医の私が
人生を楽しむために
最重要視している
3つのポイント
P325

# 最新科学・研究結果で説明する

## 最高の1日をつくる行動の最適化

# 第 1 章

# 「朝」の最適化

## 1日のはじまりをベストな状態でむかえる
# 「起床時間」
## の最適化

朝、何時に起きるのが一番健康によいのでしょう。
あるいは、「早起き」は本当に健康によいのでしょうか。
朝起きてからの最適化行動をみていきます。

毎日、同じ時間に起きる

　起床時間と健康を考える上で、最も大切なのは「何時に起きるのか？」という起床時間ではありません。

**毎日、同じ時間に起きることが、健康のためには極めて重要です。**

　正確にいうと、毎日、同じ時間に寝て、同じ時間に起きる。それが「身体のリズム」をつくり、そのリズムが規則正しい生活につながり、私たちを健康に導いてくれます。

**夜更かしや徹夜をしたり、休日に昼近くまで寝ていたりすることが健康によくないのです。**

　なぜならば、「体内時計」がズレるからです。

　寝る時間や起床時間が普段より2時間以上前後すると、「体内時計」がズレます。

体内時計とは、ホルモン、脳内物質、内臓の活動などが基準とする時計です。

　たとえば、昼夜逆転した生活で体内時計がズレると、昼に出るホルモンが夜に出て、夜に出るホルモンが昼に出る。それが体調不良、睡眠不足の原因となり、健康がそこなわれるのです。

　体内時計がズレると、それを補正するのに何日もかかります。毎週末、昼近くまで寝ている人は、体力を回復しているようで「体内時計」をずらしているのです。月曜日の朝、すごく起きるのがつらいのは、そのためです。

　元に戻すのに数日かかるので、週の半分はパフォーマンスが低い状態で仕事をしていることになります。

　「毎日、ほぼ同じ時間に寝て、同じ時間に起きる」

　この原則を守ることで「体内時計」が整い、高いパフォーマンスにつながるのです。

早起きは健康に悪い!?

　以前「朝4時に起きると健康になる」というような内容の本がベストセラーになり、話題にのぼりました。早朝4時、5時に超早起きをすると、仕事のパフォーマンスが上がるといいますが、本当でしょうか。

**自然に朝早く目が覚める人はいいのですが、朝が苦手な**

**人が、無理して「早起き」をすることは、お勧めできません。**

なぜならば、「朝に弱い」「朝に強い」は個人差があるからです。

イギリスのオックスフォード大学の研究によると、朝6時以前に起きる人は、心筋梗塞や脳卒中などの循環器疾患の発症リスクが最大で約4割、糖尿病やうつ病といったその他の病気に関しても2、3割高いと報告されています。

また朝4時、5時など、まだ暗い日の出前に起きると、体内時計のリセットがされにくいので健康によいとはいえません。

ただし、朝に強い人は、比較的体内時計の順応力が高いので、中には早朝に起きても健康で仕事のパフォーマンスが高い人がいることは間違いありません。

しかし、これは全ての人には当てはまらないのです。

だから朝に弱い人は、無理してまで早起きする必要はありません。私は、朝は早起きしなくてよいので、**「起きてから1時間以内に朝散歩をして体内時計をリセットしよう」** を推奨しています。

> 早起きより体内時計のリセットが重要

「早起き」より重要なのは、「体内時計のリセット」です。

朝散歩によって、太陽の光を浴びると体内時計がリセットされ、快適な1日をスタートすることができます。

太陽の光を浴びないと、体内時計がリセットされないので体内時計がズレた状態、つまり「時差ボケ」のような状態で過ごすことになるのです。

すると仕事のパフォーマンスが上がらないだけでなく、生活習慣病や自律神経失調症、うつ病など、様々な疾患リスクを高めてしまいます。

では、何時に起きればいいのでしょうか。

それは出社時間2時間前から逆算するとよいでしょう。

9時出社。通勤時間が1時間。身支度に1時間かかるとすれば、起床時間は7時です。睡眠時間7時間を確保するには、適切な臥床時間（布団に入っている時間）、7時間半を計算に入れると、必然的に夜11時半就寝、朝7時起床になります。

朝散歩や朝活をするなら、さらに30分、早く起きる必要があるかもしれません。

**「何時に起きるか」以上に重要なのは、体内時計のリセットです**。最適な1日をはじめるには5分でよいので、朝散歩をしてください。

できない場合は、「通勤時間の朝散歩化」（P143）で代用するとよいでしょう。

# 自分の体質を考え無理をしない

# 「朝型・夜型」

## の最適化

朝に弱い人は多いと思います。そのような人が
もう少し早起きをして、「朝型」に切り替え、
朝の時間帯を有効利用することはできないのでしょうか。
「夜型」を「朝型」に切り替える方法をお教えします。

## 朝型と夜型は、遺伝子で決められている!?

ネットで「朝型と夜型は、遺伝子で決められているので
変えられない」という記事をみかけますが、これは厳密に
いうと間違いです。

朝型の遺伝子と夜型の遺伝子があって、それをもってい
るか否かで、朝型、夜型が決まるわけではありません。

**体内時計を規定する時計遺伝子は、主要なもので十数個、
小さいものまで含めると、350個以上も発見されています。
それをどれだけ多くもっているかによって、朝型、夜型の
傾向に影響を与える**ということなのです。あくまでも強弱
のグラデーションであって、「0」か「100」かというもので
はありません。

350個以上ある時計遺伝子のうち最も多くもっている上位5％の人は、最も少ない下位5％の人と比べて、平均で25分早く眠りにつくというデータがあります。

　遺伝子による朝型、夜型の影響は、たったの25分の差でしかないのです。


　また、遺伝子には、「オン・オフ」のスイッチがあります。多くの遺伝子は普段オフになっていて、環境の変化、生活習慣によって「オン・オフ」が変わります。

　健康に悪い生活習慣をしていると病気の遺伝子がオンになりやすく、健康によい生活習慣をしていると健康によい遺伝子がオンになりやすいのです。

　このように**遺伝子は、環境によって大きく左右されます。**

　だから、「遺伝子で決められているので変えられない」というのは根本的に間違いです。

　ちなみに、年代ごとに朝型、夜型を調べた研究では、歳をとるごとに朝の起床時間は早まり、朝型の割合が増えていきます。

　「朝型と夜型は、遺伝子で決められているので変えられない」のであれば、20代も60代も、朝型、夜型の割合が同じになるはずですね。

　**年齢の方が、朝型、夜型を規定する重要な因子となっています。**

　私も典型的な夜型ですが、43歳から朝型に切り替えることができました。

　だから夜型の人も歳をとれば、朝型に切り替えるチャンスは十分にあります。

　朝型と夜型は、「遺伝子」だけではなく「生活習慣」の影響を大きく受けているので、努力次第では変えられないことはないのです。

> 早寝より早起き＆朝散歩

　1日は24時間ですが、人間の体内時計は、実は24時間10分（日本人の平均）あります。

　つまり、24時間よりも長いのです。さらに、プラスマイナスで10分以上もの個人差があるといいます。

　つまり、24時間の人もいれば、24時間20分の人もいるということです。

　**体内時計が24時間に近い人は、朝に順応しやすい朝型。**24時間より長くなる人ほど、朝に順応しづらい、夜型の傾向となります。この体内時計の長さは、前項で説明した時計遺伝子の影響を受けます。

　体内時計は太陽の光によってリセットされるので、毎日、体内時計をリセットすれば、夜型の人であっても、朝から

活発に活動することは可能なのです。

　それ以前に、朝に弱い夜型の人ほど、毎朝、散歩をして体内時計をリセットしなければ「朝起きられない」というのが常態化してしまい、「会社に行けない」「学校に行けない」などの弊害を引き起こす可能性が高くなります。

　朝起きたら、太陽の光を浴びるという行動は、朝型、夜型に関係なく、健康で高いパフォーマンスを発揮したい人は全員が行うべき習慣です。

　**夜型の人が朝型に切り替える場合は、早寝ではなく早起きから調整すべきです。**

　今より15分、朝型に切り替えたい場合は、15分早く起きて朝散歩をし、太陽の光をしっかりと浴びます。体内時計がリセットされてから、15〜16時間後に眠気が出ますから、夜は眠気が出たタイミングで眠ればいいのです。

　逆に早寝から調整するとうまくいきません。

　体内時計の基準は「朝」なので、早起き＆朝散歩を優先することが、朝型への切り替えを成功させる秘訣です。


　しかし、いきなり1時間早起きするというのは、体内時計を合わせるのがたいへんなのでやめましょう。

　10〜15分くらいのプチ早起きを目指し、徐々に順応させていくとよいでしょう。

> 生活習慣改善で、体内時計を朝にズラせる！

朝、太陽の光を浴びると体内時計は前にズレます。一方、夜にスマホなどのブルーライトを浴びたり、照度の高い光を浴びたりすると、体内時計は後ろにズレます。

また、夜にコーヒーを飲む、夜に激しい運動をすると体内時計は後ろにズレます。

「コーヒーを飲むと夜、眠れなくなる」という言葉を聞いたことがある人は多いでしょうが、毎日、夜にコーヒーを飲む人は体内時計が後ろにズレているため、コーヒーを飲まない日でも寝つきが悪くなるのです。

自称「夜型」の人は、たいてい夜中にゲーム、スマホ、パソコンなどをしています。ブルーライトによって、体内時計は後にズレますから、誰でも「夜型」にシフトしていきます。

朝型遺伝子を持っていたとしても、環境要因はかなり強烈に作用しますから夜型になってしまいます。

**体内時計を後にずらすのは不眠の原因となり、健康にたいへん悪いのです。**

朝型、夜型にかかわらず、朝散歩による体内時計リセット、セロトニン活性化をしっかり行い、午前中から最高のパフォーマンスを発揮できるようになる努力をしましょう。

# 「覚醒」
## の最適化

朝、目覚まし時計が鳴っても「もっと寝ていたい」
「なかなか起きられない」という人は多いでしょう。
朝、スッキリと目覚めるために必要な行動をお伝えします。

## カーテンを開けて寝る

**朝が苦手な人にお勧めの習慣が「カーテンを開けて寝る」ことです。** これだけで、朝の目覚めが格段とよくなります。

人間の覚醒（目覚め）に関係する脳内物質は、セロトニンです。セロトニンは太陽の光を浴びるとスイッチがオンになり、その分泌を開始します。

セロトニンが分泌されると「爽やか」「気持ちいい」という気分になります。逆にセロトニンの分泌が低下するのは、「気分が悪い」「不快」な状態です。

朝、目が覚めた直後は、1日の中でも最もセロトニンが低下した状態です。だから朝起きるのがつらいのです。

カーテンを開けて寝ると窓から朝日が入るでしょう。

そうすることでアラームが鳴る前にセロトニン工場のスイッチがオンになり、セロトニンの分泌が微弱ながら開始されます。すると、自分が起きたい時間には「セロトニン」のスイッチがオンになっているので、精神的にすごく楽になるのです。

女性の場合、防犯上の問題などからカーテンを開けて寝るのに抵抗がある人もいるかもしれません。あるいは、カーテンを開けて寝ると街灯の光が入って寝づらいという人もいるでしょう。

その場合は、**カーテンを全開ではなく15cmほど開けて寝るだけでも効果は十分にあります。**

あるいは、カーテンの自動開閉装置を使うのもよいでしょう。スマホと連動させて、起きたい時間に設定しておけば、その時間にカーテンが自動で開き、一気に太陽の光を取り込むため自分の起きたい時間に自然な目覚めが得られるでしょう。

そこまで準備ができない人は、アラームが鳴ったら、まずカーテンを開けることです。そうしないとセロトニンはいつまで経っても活性化しません。

二度寝しようが、布団の中で30分ぐずっていようが、太陽の光がないときちんと目が覚めないのです。

　朝、自然に目が覚めた。あるいはアラームが鳴った。その10秒後に「今日も1日頑張るぞ！」とスクッと布団から出られる人は少ないでしょう。

　多くの人は、数分は布団の中でグズグズして、少し頭がスッキリしてから「さあ、起きよう！」と起き上がるはずです。そのグズグズしている数分を有効利用しましょう。

　目を開けて、布団に横になったまま、いくつかの考え事をしているうちに頭が冴えてきます。すべきことは、「健康チェック」と「イメージトレーニング」です。

**まず目が覚めたら自分の健康状態をチェックします。**

□ グッスリ眠れたか？
□ 身体はスッキリしているか？
□ 身体にだるさはないか？
□ 疲れは残っていないか？
□ 身体に痛みはないか？
□「今日も1日頑張ろう」と意欲に満ちているか？

　CTスキャンのように、意識を使って、自分の全身をスキャンしていきます。自分の身体と対話するのです。そし

て、今の体調、気分、調子を100点満点で自己評価します。今日の調子は「80点だ」のように、自分の主観でかまいません。

点数は、できれば「日記」「手帳」「アプリ」などに記入してください。

そうすると「最近60点や50点と低めの点数が続いているな」と、客観的に自分の体調を見られるようになり、数ヶ月前の体調と比較することもできます。

日記、手帳に記入しましょうといっても、ほとんどの人は続けられないので、毎日の健康状態を記録するためのスマホアプリ「Dr.カバップ」を私が開発しました。

100点満点の気分の記載、睡眠時間など、重要な健康項目を30秒もかからず記録することができるので、朝の健康チェックが楽しくなるはずです。

> 起床瞑想で1日をスタート

健康チェックの後は、朝のイメージトレーニングを行います。ポジティブに今日1日を思い浮かべながら、「最高の1日」をイメージしていきます。

「今日は新刊の第1章の2項目を執筆しよう。午前中に5000字書く。午後からは打ち合わせの予定が入っていた

な。打ち合わせでは今後の詳しいスケジュールを確認しよう。夜はAさんと食事の予定、久しぶりに会うので楽しみだな」というように、朝、昼、夜と1日の「予定」「すべきこと」「具体的な仕事内容」「何時までに終わらせる（時間、期限）」について、スケジューリングと脳内リハーサルを行います。

あるいは、「今日中に○○を終わらせる！」と目標設定し、自分自身に宣言します。そうすると、ワクワクした楽しい気持ちになってきます。

**目標設定をすると、脳の中でドーパミンが分泌します。**ドーパミンは、「楽しい」という気持ちを引き起こす幸福物質で「やる気」「意欲」などモチベーションを高めます。

つまりドーパミンが分泌するということは、脳が活性化している、脳が興奮しているということです。その時点で脳は、明らかに覚醒状態になるのです。

「健康チェック」と朝のイメージトレーニングをあわせて、私は「起床瞑想」と呼んでいます。

起床瞑想で重要なのは、目を開けて行うこと。目を開けていれば、セロトニンの分泌がスタートするので、たった3〜5分の間に脳は覚醒状態に移行するのです。

朝にやってはいけないのは二度寝。あるいはスヌーズやアラームの延長です。15分起床時間を延ばしても、疲労回復効果は全くありません。また深い睡眠に移行するとさらに起きづらくなるだけです。

# 家を出る前にやるべきこと
# 「朝のルーティン」
# の最適化

目が覚めて布団から出たものの、まだ眠気が残り、
ボーッとした状態が続く人もいるでしょう。
「今日も1日頑張るぞ!」という状態に持っていくために
は、最適な朝のルーティンが必要となります。

## あらかじめ朝のルーティンを決めておく

起床直後は、頭がボーッとしています。「次に何をしよう」
と考える余裕がありません。だから事前に布団を出た後の
行動を全てルーティン化するといいのです。

一度決めるとあとは淡々とそれをこなすだけ。それだけ
でスッキリと目が覚めて、意欲も湧いてきます。

目が覚めてから活動を開始するのではなく、「活動を開
始」した時点で脳は活性化し、意欲が湧いてきます。最適
化された「朝のルーティン」をこなすことで脳と身体にス
イッチが入り、1日のスタートの準備が整うのです。

私の朝のルーティンを紹介すると、**まず布団から出ると**
**トイレに行ってから、パジャマを脱いで体重測定をします。**
**コップ1杯の常温水を飲んだら、シャワーを浴び、ひげ剃り**
**と整髪をして服を着たら、朝散歩に出かけます。**朝散歩か
ら戻ると、気力、体力ともに充実した状態になっているの
でそのまま机に向かい、執筆開始。60分ほど執筆したら軽
く朝食を食べるといった流れです。

　人それぞれ仕事も環境も異なるので、今ある環境の中で
いかによい朝のルーティンをつくることができるかを考え
ましょう。

---

### 同じ時間と条件で体重測定する

---

　自分の体重をコントロールしたければ、毎朝、必ず体重
測定をして、それを記録することです。

　記録することで初めて管理、コントロールできます。体
重測定と記録を忘れたということは、ダイエットに対する
関心が低下した証拠です。

　「今日も1日ダイエットを頑張るぞ！」とつぶやきながら、
体重計に乗りましょう（詳しくは「ダイエット」の最適化P299を
参照）。

　しかしながら、毎日体重を測定して記録するのは、意外
と面倒です。そこでお勧めするのは、スマート体重計です。
スマホと連動した体重計で、体重計に乗るだけでデータが

自動的にスマホに転送され、記録されます。自動的にグラフ化されて、体重の変化を見ることができるので、ダイエットのモチベーションは高まるでしょう。

**体重は、毎日、同じ時間、同じ条件で測定しないと正しく測定できません。**起床直後、トイレに行って排便、排尿後に計測するのがベストです。

> コップ1杯の水を飲む

朝起きて必ずすべきことの一つとして「水を飲む」という行動があります。

なぜ、朝に水を飲むことが重要かというと、寝ている間、発汗などによって一晩で約500㎖の水分が奪われ、朝起きた直後はいわゆる「血液ドロドロ」の状態になっているからです。

つまり、朝起きた直後は、ほとんどの人が脱水状態になっています。そこで急に激しい運動をすると血管がつまり心筋梗塞や脳卒中などを引き起こす可能性があるのです。

実際、朝の6〜8時の間は、心筋梗塞が起きやすい時間帯として知られています。

また、「水を飲む」ことは消化管への刺激になり、1日の活動を開始しましたという合図を送り、消化管の「体内時計のリセット」になります。

しかし、いきなり冷たい水を飲むと腸によくありません。冷水ではなく、常温水か白湯がよいでしょう。

水分補給については、「水分補給」の最適化（P307）で詳しく説明しますが、水分が足りないと脳、身体ともに本来のパフォーマンスを発揮できません。

**まずは朝起きたらコップ1杯の常温水から1日の最適化をはじめましょう。**

> 冷水か熱い朝シャワーを浴びる

起床後もしばらくボーッとしているという人にお勧めの最適化が「朝シャワー」です。

私は、朝がものすごく弱いのですが、朝シャワーを浴びることで頭がシャキッとして、ようやく1日の活動をスタートできます。

朝シャワーを浴びることで、副交感神経（夜の神経）から交感神経（昼の神経）への切り替えが行われます。

**朝シャワーは交感神経にスイッチを入れるというメリットがあるのです。**

交感神経がオンになると、心拍数と体温がアップします。逆にいえば、心拍数がアップし、体温が上がった状態になっていれば、交感神経がオンになるということです。

また身体を覚醒させるには42度くらいの熱めのシャワーが効果的です。

　朝、熱いシャワーを浴びてもシャキッとしないという人は、さらに強力な冷水シャワーという手があります。

　寒冷刺激により交感神経が活性化し、血圧、心拍数が高まることは「寒冷昇圧反応」と呼ばれ、昔から知られています。熱いシャワーでも目覚めないという人は、冷水シャワーを浴びると脳も身体も完全に覚醒するでしょう。

　しかし、いきなり冷水を浴びると心臓に悪いので、最初は40度ほどのシャワーから徐々にお湯の量を減らし、水の量を増やします。1〜2分かけてお湯をゼロにして水だけにします。そこからしばらく浴びましょう。

　**たった1分の冷水シャワーでミトコンドリアを活性化させ、エネルギーの消費を増やし、脂肪の減少を促す**という研究もあります。

　私は毎朝、冷水シャワーを浴びています。最初は冷たくてたいへんですが、慣れてくると非常に気持ちがよいのです。朝の完全覚醒のための秘密兵器です。

　朝、シャワーを浴びる時間がない人は、冷水での洗顔でも代用可能です。

　洗顔は温水で行う人が多いでしょうが、冷水で洗顔するだけで交感神経がオンになります。

　冷水シャワーまたは熱いシャワーで、モチベーションのスイッチをオンにしましょう。

## メンタルも身体も全てが整う
# 「朝散歩」
## の最適化

本書では50項目の最適化をお伝えしています。
このうち、最初に1つだけやるとするならば、
「朝散歩」の最適化からスタートすることをお勧めします。

### 朝散歩は最強の健康法

　私は、心と身体を整える生活習慣として「睡眠、運動、朝散歩」をお勧めしています。

　しかし、突き詰めていうと、「朝散歩」だけでよいのです。1日に20分の朝散歩をすると睡眠が整い、運動不足にならない最低運動時間をクリアできるからです。

　**朝散歩とは、起床から1時間以内に最低5分、できれば15〜30分、早足でリズムよく散歩をすることです。**

　朝散歩には、①セロトニンの活性化、②体内時計のリセット、③ビタミンDの活性化という3つの効果があります。

セロトニンは、覚醒、気分、意欲、感情などを司る脳内物質です。朝、外に出て「爽やか」「気持ちいい」と健康であることの幸福を感じるなら、それはセロトニンが分泌されているからです。

朝起きて、どんよりとした気分、起きたくない、もっと寝ていたい、気分が最悪、仕事に行きたくないという人は、セロトニンの分泌が低下しています。

脳疲労やうつ病の状態では、セロトニンが低下します。

セロトニンは脳の指揮者ともいわれ、セロトニンが整うと、ドーパミンやノルアドレナリンなどの他の脳内物質も整い、感情がコロントールされます。

「イライラしやすい」「キレやすい」「怒りやすい」という人は、セロトニンが下がっているので、積極的に朝散歩を行うべきです。

また、セロトニンは食欲をコントロールするので、「食欲がありすぎる人」「ダイエットしたい人」にもお勧めです。

夕方になるとセロトニンを原料に睡眠物質メラトニンがつくられ、深い睡眠が可能となります。

**眠気は、太陽の光を浴びて、体内時計がリセットされてから15〜16時間後に出ます。**

「寝付きが悪い」「睡眠薬を飲んでいる」という人は、まず朝散歩をしてみましょう。

さらに朝の運動は、夜の睡眠の質を向上させる効果もあ

ります。

　実際に、運動するなら朝が一番よいという研究結果があるのです。セロトニンが整うと、メンタルも身体も全てが整うので、このようなセロトニンの分泌を促す朝散歩は、最強の健康法です。

## まず5分の朝散歩でOK

　朝散歩のポイントは、太陽の光を浴びることです。

　**太陽の光を浴びるだけで、セロトニンが活性し体内時計がリセットされます。**健康な人であれば、5分外にいるだけで、それらの効果が得られるでしょう。

　実際、5分といわず晴天であれば、外に出た直後から眠気は吹き飛び、「爽やか！」「気持ちいい！」というポジティブな感覚に包まれるはずです。

　これまでの私の本では、朝散歩は「15〜30分」と書いてきましたが、最近はまず「5分」の朝散歩を推奨しています。

　また、最初から「毎日」を目標にするとハードルが高いので、週に1〜2回からスタートするとよいでしょう。

　実際やってみると、「朝散歩はとても気持ちが良い！」と気づきます。5分でやめるのはもったいなくなって、10分、15分と歩いてしまうのです。そうなれば、朝、自然と外に

出たくなるので、散歩の回数も増えていきます。

**最終目標として、週に3、4回、1回15〜30分の朝散歩ができると最高です。**

歩き方ですが、「リズム運動」がセロトニンを活性化させるので、うつむきかげんでダラダラ歩いても効果はありません。

背筋を伸ばしまっすぐ前を向いて、やや早歩きで「1、2、1、2」のリズムを刻みます。テンポよく歩くことで、より多くのセロトニンが活性化されるのです。

日向ぼっこでもOK

高齢者やメンタル疾患には「1回5分の朝散歩」もできないという人も多いことでしょう。

その場合は、**5分間の日向ぼっこでもOKです。**

太陽の光を浴びるだけでセロトニンは活性化し、体内時計はリセットされます。

だから外に出て座っているだけでも、かなりの効果が得られるのです。

外に出られない場合は、ベランダや縁側に座る。太陽の光が強い場所であれば室内でも、ある程度の効果が得られます。また太陽の光が入る明るい場所で朝食をとるだけでもよいでしょう。

# 「朝食」
## の最適化

少しでも寝ていたいと思い、朝食を抜いたり、
コーヒーだけで済ませたりしていませんか。
朝食は、1日3食の中でも1日を最適化するために
最も重要なものなのです。とるようにしてください。

### 朝に弱いあなたは「低血糖」!?

　朝、午前中に調子が悪いのには、3つの理由が考えられます。「低血圧」「低セロトニン」「低血糖」です。

　低血圧の人は朝に弱いとよくいわれます。
　実際に血圧が低い人は、頭がボーッとしたり、フラフラしたりする確率が高いのです。
　一度、起床直後の血圧を測ってみれば、低血圧なのかどうかはわかります。低血圧であれば、シャワーや運動などで、血圧を上げる習慣をつけましょう。
　仕事が忙しくてお疲れモードの人、ストレスが多い人などは、脳が疲労して、セロトニンの分泌が低下している可

能性があります。セロトニンを活性化させる方法は、先述した朝散歩です。朝起きたときの気分が最低でも、朝散歩から戻ってきたときに爽やかな気分になるという人は、セロトニンが原因でしょう。

第3の原因は低血糖です。朝起きた直後は、寝ている間に何も食べないので、1日の中で最も血糖値が低くなります。血糖値に対する順応性は個人差が大きく、朝食抜きでも調子よく過ごせる人がいる一方で、朝食なしでは午前中一杯、頭がボーッとする、身体がだるい、調子が上がらないという人もいます。

低血糖の人は、朝、調子が悪く、食欲が湧かないので朝食をとらないことがありますが、これがより体調を悪化させます。

**朝からがっつり食べる必要はないのですが、バナナを1本食べるだけでも低血糖はすみやかに改善します。**

「1日2食が健康」「朝食は食べない方が健康」という話を時々聞きますが、自分の体調を無視してマネをすることは危険です。

1日2食でも「(自分は)寝起きもスッキリ。朝から絶好調で、午前中から最高のパフォーマンスを発揮できている」という人はいいのですが、「朝(午前中)の調子がイマイチ」という人は、朝食を食べた方がパフォーマンスは上がるはずです。

**重要な点は、最適な食事の回数にも個人差があるという**

ことです。

　近年、体内時計、時計遺伝子など「時間生物学」の研究の進歩はめざましく、その分野においても朝食は必須だと考えられています。

　体内時計については、「朝型・夜型」の最適化（P120）で書きましたが、その体内時計には2種類あります。

　「脳の体内時計」「全身（各臓器）の体内時計」です。

　「脳の体内時計」は、太陽の光を浴びることでリセットされ、一方**「全身の体内時計」は、朝食をとることでリセットされます。**

　正確にいえば、朝起きて太陽の光を浴び、朝食を食べることで、「脳の体内時計」と「全身の体内時計」が同期するのです。

　朝食を食べて、消化管が活動を開始すると、血糖値が上がって、各臓器にエネルギーが行き渡ります。すると全身の臓器は「朝になって、活動を開始したな」という信号を受け取り、体内時計を朝にセットするとともに、各臓器の働きを「夜のモード」から「昼のモード」へと切り替えるのです。

　体内時計がズレると、ホルモンや脳内物質の分泌、自律神経が乱れ、様々な体調不良の原因となるので要注意です。

時間生物学的には、朝食をとることが非常に重要です。

よく噛んで食べる

「きちんと朝食をとる時間がない」からと、あわてて食べる人がいますが、お勧めできません。

**「咀嚼」はリズム運動に相当するため、よく噛んで食べることで、セロトニンが活性化します。**

また朝食に限ったことではありませんが、よく噛んでゆっくりと食べることで、吸収と血糖値上昇がゆるやかになり、満腹感も出やすく食べすぎを防ぐ効果があります。これによりダイエット効果も得られるのです。

さらに唾液には細菌やウイルスの侵入や増殖を防ぐ殺菌効果があるため、よく噛むことで唾液を分泌し免疫力も高めます。**「1口で30回噛む」が推奨されています**が、これを実行するのは、なかなか難しいでしょう。1口ごとに箸をおくと、次々と食べることを防ぎ、噛む回数は増え、ゆっくりと食べられるようになります。

食事は、糖質中心にならないように、脂質、蛋白質、ビタミン、ミネラル、食物繊維など、バランスよくとることが重要です。

食事をする時間がないという人は、セロトニンの原料となる、トリプトファン、糖質、ビタミンB1などがバランスよく含まれているバナナがお勧めです。

## 脳のゴールデンタイムと重なる希少時間
# 「通勤時間」
## の最適化

「通勤時間」はサラリーマンにとって「時間の埋蔵金」
のようなもの。「通勤時間」の使い方次第で
人生が変わるといっても過言ではありません。
「通勤時間」を最も効果的に活用する方法を紹介します。

### スキマ時間を使って運動をする

運動不足にならない、**健康のために必要な最低限の運動量は1日20分です。**

1日20分は、簡単そうに思えて、なかなか難しいものです。しかしたった20分の「早歩き」で、平均寿命が5年延びるほどの健康効果が得られます。

通勤時間を運動時間として活用できれば、「朝10分」「帰り10分」の早歩きで、運動不足を予防できるのです。

朝や夜の通勤風景を観察してわかるのは、早歩きで颯爽と歩いている人は、1割もいないということ。ほとんどの人は歩くのが遅く、スマホを見ながらダラダラと歩いている人もいます。これでは運動の効果は全くありません。

　背筋を伸ばし、前を見て腕をふりながら、「早歩き」を意識しながら歩くだけでいいのです。あるいは、エレベーター、エスカレーターを使わずに階段を利用することで、さらに運動量を増やすことができます。

　また、たった10分のウォーキングでも、ドーパミンが分泌されるので会社に着く頃には「さあ頑張るぞ！」と脳は臨戦状態になります。

　通勤時間を運動時間へ転用すれば、仕事のパフォーマンスアップ効果と健康効果の一石二鳥です。

> 脳のゴールデンタイムは自己投資に費やす

　**起床後の2〜3時間は、脳に疲労もなく、脳内は整理された状態で、1日の中で最も集中力が高く、「脳のゴールデンタイム」と呼ばれます。**

　この脳をたとえるなら「何ものっていないきれいな机」のような状態です。

　つまり、きれいな机をきれいなまま使うことで集中力を何時間も持続することが可能になります。

　この「脳のゴールデンタイム」は、夕方や夜の3倍以上の価値があると私は考えます。

　仕事の後、帰宅後に資格試験や語学の勉強をする人もいるでしょうが、帰宅後90分よりも朝30分集中して勉強した方が、効率も良いし、記憶にも残りやすいのです。

「脳のゴールデンタイム」とも重なる、朝の通勤時間を勉強や読書などの自己投資に使うとよいでしょう。

一番よくない活用方法は、朝の情報番組やスマホで漫然と情報を見るという行為です。これは、きれいな机に書類の山をぶちまけるようなものです。

自分の業種や専門領域に限定した情報だけをインプットすることは、脳が雑然としづらいのでお勧めです。

## 通勤中に事務メールを終える

「始業」の最適化（P146）に「メールチェックは5分で終わらせろ」と書いていますが、「それは無理だ」という人も多いはず。しかし、「脳のゴールデンタイム」から考えると、始業直後の時間をメールチェックに使用するのはもったいない。それを回避する方法があります。

それは、通勤電車の中でメールをチェックして可能なものは返信まで済ませてしまうという方法です。

電車の中でできることは、限られていますが、**メールのチェックと返信は電車で立ちながらでもできるでしょう。**通勤時間という本来、ムダに使いがちなスキマ時間を使ってメールを処理することは、非常に意味があります。

あるいは、「会社の書類に目を通す」「会社内の連絡事項を済ませる」など、通勤時間を仕事の準備に使うことで、始業後すぐ重要な仕事に集中できるというメリットがあります。

# 仕事効率を飛躍的に上げる
# 「始業」
# の最適化

多くのサラリーマンが始業直後に何を
するかというと、パソコンを立ち上げて、
メールやメッセージのチェックとその返信です。
果たしてそれは、最高のパフォーマンスを生むのでしょうか。

## 仕事のはじめにメールの返信はしない

始業直後のメールチェックは、最大の時間のムダであり、最大の人生のムダといえます。

朝は1日で最も集中力が高い時間帯で、朝の30分は夕方や夜の3倍以上の価値があると先述しました。

つまり始業開始の30分をメールやメッセージの返信にかけることは、退社時間を90分遅らせるようなものです。

最も集中力の高い時間帯には、最も集中力を要する仕事をするべきです。メールのチェックは疲れていてもできるし、コーヒーを飲みながらでもできる、最も集中力を要しない仕事の一つです。

というと「緊急のメールが来ていたらどうするんだ！」「重要なメールにはすぐに返信しないと上司に怒られる！」という反論もあるでしょう。

本当に緊急なメールが来るのであれば、始業まで悠長に待っていないで、始業前の通勤電車の中でチェックして、返信、対応を完了すべきでしょう。

**始業直後のメールチェック＆返信をゼロにしろとはいいませんが、5分以内には終わらせたいものです。**

緊急でないメールには、「骨太な仕事」を1〜2時間こなしてから、休憩がてらに返信すればいいのです。

## 一番にTO DOリストを書く

始業後、5分でメールをチェックしたら、次は「TO DOリスト」を書きます。本日の「すべきこと」「タスクリスト」を書き出します。

つまり「1日の仕事の流れを見通す」ということです。

「午前中にどんな仕事をして、午後からどんな仕事をするのか」「今日締め切りの仕事は何か」「優先度の高い仕事は何か」などをTO DOリストを書きながら整理していきます。

**TO DOリストは、1項目30〜60分で終了できるよう、できるだけ小分けにして書くのがよいでしょう。**

1時間に1、2項目のタスクをこなせると、達成感が得られるのでドーパミンも分泌し、モチベーションを維持しながら仕事ができます。そのため大きな仕事は、細分化してリストに書き込みます。これを細分化せず、1つのタスクに5、6時間かかるようなものを列挙すると、達成感を得る前に心が折れてモチベーションが落ちてしまうので要注意です。

きちんとリストを書き終えたら、どの順番にこなすのか、だいたいの制限時間も併記します。

特に重要なのは、どの仕事からスタートするかを決めることです。

> 最も骨太な仕事を最初に終わらせる

時間術において最も重要なのは、「集中力の高い時間帯に、集中力を要する仕事を終わらせる」ということです。

集中力を要する仕事とは、業種によって異なるとは思いますが、「骨太な仕事」「手強い仕事」「苦手な仕事」「やりたくない仕事」「絶対に間違ってはいけない重要な書類作成」などが挙げられます。受験生であれば、一番苦手な教科です。

これらの仕事から手をつけることが大切です。

骨太な仕事は、考えるだけで気分が重たくなってきます。だから、ほとんどの人は、「苦手な仕事」を夕方や夜に回し

てしまう。そうすると、「苦手な仕事」がついつい午後に残ってしまい、午前中にやるよりも2、3倍の時間がかかるため、結果として残業する羽目になるのです。

多くの人は、「メールチェック」のような気軽な仕事からスタートしたがるのですが、結果として、それがあなたの生産性を下げて、ムダな残業、ムダな仕事時間を増やす原因となっています。

「骨太な仕事」「苦手な仕事」を最初に行い、午前中に完了させておくと、午後からの仕事も気分がよく、楽になるでしょう。ボスキャラを最初に倒して、午後からはザコキャラを倒していけばいいのです。

私の場合でいうと、仕事はじめの1時間では2000字書けますが、次の1時間では1500字、次の1時間では1000字といったように書ける原稿量が減ります。

毎日5000字を書くのが日課ですが、最初の1時間で1日の仕事の3割以上をこなすイメージです。

実際に、集中力を高めて一気に行えばできるようになります。

**最も骨太な仕事を最初に終わらせる。**このルールさえ守れば、あなたの仕事は「最適化」し、仕事の効率、生産性は飛躍的にアップします。

# 第 2 章

# 「昼」の最適化

# 午後からのパフォーマンスを上げる
## 「昼休み」
## の最適化

仕事のパフォーマンスをアップさせたければ、
「昼休み」の最適化は必須です。ただ、漫然と休むのか、
集中力や脳の疲労を徹底的に回復させるのか、それによって
午後の仕事のパフォーマンスは大きく変わってきます。

## 脳と身体をリフレッシュさせる外食ランチ

最もお勧めの昼休みの使い方は、外食ランチです。

外食ランチは、最高の気分転換であり、脳のリフレッシュになります。

同じ場所にずっといると、脳は疲労してきます。しかし、**場所を変えるだけで、海馬の「場所細胞」は活性化するのです。**

だから、「弁当を自分の机で食べる」というのは、お勧めできません。せめてランチくらいは、自分のデスクから離れましょう。

ランチに出かけると、片道5分くらいは歩くことになり

ます。運動は、最高の脳のリフレッシュです。**記憶力、集中力を高めるドーパミンは、たった10分のウォーキングでも分泌されます。**

「座り続ける」というのは、脳の働きを低下させ、全身の血流も悪化させます。脳にも身体にも、すごく悪いのです。昼休みに、5分、10分歩くということは、健康と午後のパフォーマンスアップのために極めて重要なことです。

同僚や部下とランチをするのもいいでしょう。

楽しいコミュニケーションによって、オキシトシンが分泌します。

オキシトシンはリラックス物質なので、リラックスはもちろん、リフレッシュ効果も高めます。

## 街中の公園にある自然に接する

毎日外食するお金がないという人は、近くの公園まで行って、弁当を食べるのがいいでしょう。

**緑や青空などの自然と接することで、短時間で大きなリラックス効果とストレス発散効果が得られるからです。**

フィンランドの研究では、1ヶ月に5時間以上自然の中で過ごすだけで、ストレスが大幅に軽減され、脳を活性化し、記憶力、創造力、集中力、計画性が向上し、うつ病の予防効

果もみられました。

　重要なのは、これらの効果は大自然までいかなくても、「街中の整備された公園」で得られるということです。

　昼休みに時々20〜30分、公園で過ごすだけで「1ヶ月5時間」は超えるでしょう。たったそれだけで、十分なリラックス効果とストレス発散効果が得られるのです。

　とにかく、**昼休みは会社から外に出ることです。**会社の屋上や中庭で弁当を食べるのもいいでしょう。外食ランチ派の人は、オープンテラスや外の緑が見える席だと最高です。


　青空の下に出るだけで、セロトニンは活性化します。

　午前中に疲れたセロトニン神経の回復に役立つのです。セロトニンは集中力や感情のコントロールと深く関わっているので、昼休みにセロトニンを活性化しておけば、イライラすることもなく、午後の仕事がはかどることは間違いありません。

　昼休みに「小さな自然」に接する。たったこれだけで、かなりのリラックス効果、集中力回復効果が得られるのですからやらないと損です。


### 仮眠で仕事効率、注意力をアップさせる

「午前中の仕事がハードで、昼休みはヘロヘロの状態だ」

「このまま午後を乗り切る気力、体力がない」
「睡眠不足で仕事中に眠気が出る」
という人には、昼休みの仮眠（昼寝）をお勧めします。

　アメリカのNASAの研究によると、**26分の仮眠によって、仕事効率が34％アップ、注意力が54％アップした**そうです。
　疲労回復のための適切な仮眠時間は、20分前後と考えられます。
　逆に30分を超えると仮眠の効果が徐々に低くなります。
　1時間を超える仮眠は、脳が深い睡眠に入ってしまうので目覚めた後の脳のパフォーマンスはむしろ下がります。
　また、1時間を超える仮眠は、認知症や糖尿病のリスクを高め、健康的にもマイナスです。

　仮眠する時間はない、職場で仮眠しているとイメージが悪いなどの理由で仮眠できないという人は、顔を机に伏せて目をつぶっているだけでもよいのです。
　目を閉じて、数分休むだけでも、仮眠に近い脳の回復効果が得られるといいます。

　3分間の閉眼仮眠なら、「昼休み」に限らず、10分の休憩時間にもできます。
　仕事中に、強い眠気が出たときにお勧めです。

## 何をするかで回復力が変わる
# 「休憩」 の最適化

午後の仕事は「疲れ」との闘いです。
つまり上手に休憩をとって、疲労回復、集中力回復を
していくことが午後の仕事のパフォーマンスを
高めるためには不可欠なのです。

### 視覚情報から逃れるための脱スマホ

　休憩時間といえば、多くの人がスマホを出して、プライベートなメッセージをチェックしたり、ゲームをしたりしています。

　しかし非常に残念なことに、スマホは全く休憩にはなりません。「スマホはおもしろい！」「スマホは楽しすぎる！」と思う人も多いでしょうが、「おもしろい」「楽しい」というのは、脳が興奮している証拠です。

　**休憩時間は、脳を興奮させるのではなく、休ませなければいけません。**

　また、目を使うというのもよくありません。視覚情報の処理に脳のキャパシティの8割もが使われているといいま

す。視覚情報を処理するほど脳は疲れます。多くの人は、仕事時間中、パソコンに向かって、膨大な視覚情報を処理しているので、せめて**休憩時間くらいは視覚情報から脳を解放するべきです。**

また、パソコン作業で眼精疲労しているのに休憩時間にもスマホで目を酷使するのは、疲労を強めるだけ。

スマホを長時間使うほど、集中力が低下し、感情が不安定になるという研究結果があります。

休憩時間に「脱スマホ」をすることが、脳を真に休憩させ、午後のパフォーマンスアップにつながるのです。

## 1時間座り続けると余命が22分間短くなる

「昼休み」の最適化（P152）でも、座り続けることは、ものすごく健康に悪いと述べました。

オーストラリアのシドニー大学の研究では、**1時間座り続けていると平均余命が22分間短くなる**という結果が出ました。だからこそ15分に1回は、立ち上がるべきです。

休憩時間にスマホを使っている人は、たいてい座っているので、結果として何時間も座り続けることになります。

長時間座っていると、脳や全身の血流が低下し、脳のパフォーマンスや集中力も下がります。休憩時間くらいは少しの距離でいいから歩くことが大切です。

パソコン作業などで同じ姿勢をとり続けることは首や肩

への負担も大きく、疲労が加速します。肩まわり、首まわりをほぐす、ストレッチ体操もよいでしょう。

デスクワークの人でもできるちょっとした運動やストレッチの方法は、本でも、ネットでも見つけることができます。今から少しずつでも行動をはじめましょう。

## 最高の癒やしになるコミュニケーション

コーヒーが飲めるスペースで、社員同士が談笑している光景はよくあります。こういったちょっとした会話（コミュニケーション）は最高の癒やしです。それは交流によって、リラックス物質であり幸福物質であるオキシトシンが分泌されるからです。

最近、会社にいかずに仕事をするリモートワーク、テレワークが普及していますが、オンライン会議においても「雑談」を入れた方がコミュニケーションのアップだけではなく、仕事の効率や成果にもつながるという研究があります。

しかしコミュニケーションを深めることが重要だからといって、上司が無理に部下と交流しようとするのはやめた方がよいでしょう。上司の圧力が部下に強すぎると休憩効果は減少するという研究結果があります。せっかくの休憩時間に仕事の話ばかりしていては休憩になりません。

**仕事とは関係のない、たわいのない雑談がリラックスを生み、休憩効果を高めます。**

# 同じ時間でも回復効果が変わる
# 「休憩タイミング」
## の最適化

仕事の疲れが毎日、どんどんたまっていくという人は、
休憩のタイミングが間違っている可能性があります。
正しい休憩のタイミングを知れば、あなたは
疲れずにもっと効率的に仕事ができるはずです。

## 疲れすぎる前に、こまめに休む

　近年、休憩についての科学的研究も増えています。

　アメリカのベイラー大学で行われた休憩頻度の研究によると、「頻繁に休憩をとれば、休憩時間は短くても効果がある」「休憩の回数が少ないと、1回の休憩に長い時間をかけなければ、回復効果が得られない」「午後よりも朝の休憩の方が効果が高い」ということがわかりました。

　デスクタイムという仕事時間計測ソフトを使った研究でも、**最も生産性の高い上位10％の人たちは52分仕事をして17分休憩をとる**、というパターンで仕事をしていたことがあきらかになったのです。

　また別の研究では、疲労をためすぎた後の休憩では疲労回復しない。それどころか、その疲労は睡眠でも回復せず、翌日に持ち越されることがわかりました。

　これらを総括すると、疲れすぎる前にこまめに休む。目安としては50分仕事をして10分休憩。偶然にも標準的な中学、高校の授業時間・休憩時間と同じです。

　「45分」は集中力の単位なので、「集中するまでの5分＋集中時間45分」と考えると、合理的な時間といえます。

　疲れすぎる前にこまめに休む。あなたが帰宅後、ものすごく疲れているのなら、休憩を上手にとれていない可能性が高いので要注意です。

### 休憩がとれない場合の対処法

　しかしながら、多くのサラリーマンの方は会社で仕事をする以上、「50分働いて10分休憩なんて無理だ」と思ったでしょう。あるいは、うちの会社は「3時間に1回しか休憩がとれない」というように休憩時間が決まっている会社もあると思います。

　「50分働いて10分休憩」というのは、身体や脳の休め方の一つのモデルです。

　だから、あからさまに休憩できないという人は、50分間、

集中力を要するコアな仕事をして、その後10分でメール返信や電話などの集中力をさほど使わないライトな仕事をするとよいでしょう。

前述したように、運動は最高の休憩なので「書類を読む」「電話する」のような、**立ってでもできる仕事は立って行うことでリフレッシュできます。**

または、「この書類、総務まで持って行って」と部下に頼むところを自分で持って行ったり、コピーのような単純作業をしたり、立って仕事を行うことで、ちょっとした「運動」になります。

このように仕事時間中であっても、1時間に1回、「立つ」「歩く」を入れるだけでも気分転換になり、休憩効果は得られるのです。

## 自分固有の集中時間を使う

人が集中しやすい時間の単位として「15-45-90分」という区分があります（P206参照）。しかしながら、実際のところ集中力は人によって大きく異なります。

45分の集中が困難な人もいますし、一度集中すると90分以上があっという間に過ぎる人もいます。

自分は集中できる時間が短いのか、長いのか。それを理

解して「自分固有の集中時間」を活用することが大切です。

　自分にとっての最高のタイミングで休憩をはさむことが「休憩タイミング」の最適化の極意なのです。

　1980年代、イタリア人のフランチェスコ・シリロによって考案された**25分仕事をして5分休憩する「ポモドーロ・テクニック」**という時間管理術があります。すでにこの時間を管理するスマホアプリもあるほど浸透していますが、全ての仕事において効果があるとはいえません。

　「オートメーションの作業」「封筒にチラシをつめる」などのような単純作業、手作業に関しては、間違いなく効果がありますが、「文章を書く」「アート系の仕事」など、仕事をはじめてしばらくすると「のってくる」というような仕事の場合、仕事の単位「25分」では短すぎるし、区切りのよいところまでは中断しない方がよいでしょう。

　つまり、**「長時間続けると飽きてくる作業」に関しては、「定期的に休憩をはさむ」と作業効率は高まります。**

　また、30分程度に時間制限することで、最初と最後の約5分は仕事効率が高まることは昔から知られています。

　この「時間を決めて作業して、強制的に休憩をはさむ」という時間管理術のコンセプトは、科学的にも正しいといえますが、「25分＋5分」の区分は作業内容と個人の集中時間を加味して、アレンジする余地があるでしょう。

# コミュニケーションに向いている
# 「午後仕事」
# の最適化

午後になると疲れも出てきてどうしても仕事のパフォーマンスが下がりやすいという人に「午後仕事」でもパフォーマンスを下げずに上手に乗り切る方法を紹介しましょう。

## 「午後の眠気」の対処法

昼食後の14時頃に強い眠気に襲われる人は多いはずです。なぜ、この時間帯に強烈な眠気が襲ってくるのでしょうか。

1つは、血糖値の急降下による「低血糖」が考えられます。糖質中心のガッツリ系の食事をとると血糖値が急上昇しますが、それにともないインシュリン（血糖値を下げるホルモン）も大量に分泌して、逆に低血糖になってしまうのです。

また、満腹になると「オレキシン」という物質が減ります。オレキシンは「覚醒」と深く関係しており、オレキシンが減ると、眠気が出るのです。

だから、糖質中心の食事ではなく、バランスの良い食事

をとる。**食事の最初にサラダを食べて血糖値の上昇を抑える**。早食い、大食いを避ける。満腹になるまで食べず腹八分に抑える、などの対処法が考えられます。

一方で、食事をしなくても、14時頃の眠気が出ることが最近の研究でわかっています。

人間には、サーカディアンリズムという「覚醒」と「眠気」が交互に来るリズムがあり、起床の8時間後と22時時間後に眠くなりやすいのです。つまり、朝6〜7時に起きる人は、8時間後の14〜15時に眠気が出るのです。

これを防ぐためには、昼休みの仮眠（30分以下）がお勧めです。

または、夜の睡眠が足りていないと午後の眠気が強く出やすいので、ベースとなる夜の睡眠時間を最低でも6時間、できれば7時間とりたいものです。

### コミュニケーション時間として活用する

**午後の時間帯に最も向いた仕事は、「コミュニケーション」を使うものです。**

具体的には、会議、打ち合わせ、指示、確認、調整、電話、メールやメッセージの返信などです。

またコピーや印刷、請求書の発行、銀行振り込みなどの「完全に事務的な仕事」や「手作業」も午後向きです。

こういう単純な作業は、TO DOリストにリストアップしておいて、「パフォーマンスが下がってきたな」というときにあえて行うと、意外とよい気分転換になります。

これらは、高い集中力を要するものではないので、多少疲れていても問題なくこなすことができるでしょう。

あるいは、「集中仕事」と「集中仕事」の間に、気分転換的に「打ち合わせ」をはさむと、コミュニケーションによるリフレッシュ効果でその後の仕事がはかどります。

## 制限時間を決めてタイマーでカウントダウン

午後の時間帯は、脳も疲れてくるので集中力の効果が高いとされる90分間、仕事をするのはきつくなります。だから「15分」と「45分」を意識して仕事をするとよいでしょう。

**「この仕事を15分で終わらせる」「この仕事を45分で終わらせる」と制限時間を決めて、タイマーでカウントダウンします。**

制限時間を決めると、緊張の物質ノルアドレナリンが分泌されます。ノルアドレナリンが適度に分泌されると、集中力が高まり、仕事のパフォーマンスもアップします。

さらに記憶力も高まるので、制限時間仕事術は、効果的だといえます。

　私は、制限時間仕事術を使うときタイマーが鳴ると、そこで集中力が途切れてしまうので、15分であれば、「15分の砂時計」を活用しています。

　「15分でメールの返信を全て終わらせる」と決めて砂時計をひっくり返すと、適度な緊張感でいつもより作業が早く終わります。

　また、「退社時間」を決めて厳守することも大切です。「19時に帰る」と自分の中で決めるだけで、制限時間仕事術になります。

　もっと強制的な制限時間仕事術は、仕事後に予定を入れてしまうことです。

　たとえば、19時半からの映画のチケットを予約してしまう。すると、19時には仕事を終わらせて、会社を出ないといけません。だから「時間までに仕事を終わらせよう！」とパフォーマンスが上がるのです。

　注意点は、あまりにもハードなスケジュールを組みすぎてモチベーションを下げないようにすることです。

　**午後は、午前中と比べてパフォーマンスが落ちるということを考慮してスケジュールを立てることが重要です。**

# 「会議・打ち合わせ」 の最適化

よく「ムダな会議が多い」と耳にしますが、
一向にそれがなくなる気配がありません。果たして
その会議（打ち合わせ）は本当に必要なのでしょうか。

絶対に必要な会議（打ち合わせ）以外はやらない

会議（打ち合わせ）というのは、基本的に時間のムダだと思います。

何人もの関係者が、時間をスケジューリングして、1時間も拘束される。それが毎日のように入っていたとしたら、間違いなく仕事の生産性は下がります。

**単なる情報伝達や確認だけなら、会議をする必要はない**のです。「議決」といっても、出来レースのようなものが多く、案件が覆ることなど、実際にはほとんどありません。

双方向でクリエイティブなアイデアが出され、参加者のモチベーションが高まり、活発に意見交換できる会議なら、やる意味はありますが、そんな効率的な会議をやっている

会社は本当に少ないでしょう。

多くの会社は、コロナ禍でリアルで行っていた会議をオンラインに切り替えましたが、なんの支障も問題も起きません。

つまり、リアルで集まって行う会議に意味はない、ということが証明されたわけです。

私は、会議はしないし、「打ち合わせ」も必要最低限にしています。どれくらい少ないかというと、編集者と会うのは、本ができるまで2〜3回が普通です。一度も会ったことのない人と、大きな仕事をする（任せる）ことはできないので、必ず一度は会いますが、あとはメッセージ、チャットで十分です。

絶対に対面で話さなければいけないことは、「契約、お金（報酬）に関すること」「デザイン、サンプルなどを見ながら話すこと」など、数回で十分なのです。

サラリーマンであれば、会議などを自分でコントロールできない場合もありますが、「打ち合わせ」など自分でコントロールできるものは、徹底的に効率化すべきです。

> 会議や打ち合わせは午後に行う

午前中に会議を行うのは、最大の時間のムダ。午前中の時間帯は、「最も重要なこと」に充てるべきです。「会議」が、「最も重要な仕事だ」と断言できるなら、午前中にやるのが

よいと思います。「10億円の契約をするかどうか」「社運を決するような重要な案件」について会議をするのなら、集中力の高い午前中に行うのもいいのですが、そういう重要な会議は滅多にないでしょう。

また「朝礼」を行う会社も多いですが、「その朝礼、本当に必要ですか？」ということを考える必要があります。
**モチベーションの上がらない「朝礼」をダラダラやっている会社は、本当にその「朝礼」が必要なのか、再考すべきです。** 夕礼でもよいのであれば、夕礼をお勧めします。
このように会議や打ち合わせなどは、集中力が下がってくる午後に行うべきです。

私は、緊急の場合以外は、午前中に「打ち合わせ」や「取材」を入れることはありません。入れるとしたら15〜18時くらいの、午後の遅い時間にスケジューリングします。
また「打ち合わせ」を連続で入れると、終わらせなければいけない時間が決まっているので、ダラダラと時間延長することがなく、集中するため効率が上がります。

> 定時にはじめて、定時に終了する

会議は「定時にはじめて、定時に終了すること」を厳守すべきです。社長や部長が来ていなくても、会議のスター

ト時間になったら、会議をはじめること。定時スタートが常識になれば、全員が定時に集まるようになります。

いつも5分遅れではじめる会議は、毎回、みんなが遅く集まり、会議自体がダラダラしたものになるのです。

終了時間は、最初に明示した時刻ピッタリに終わるようにする。これも毎回、定時に終われば、参加者一人一人が「定時に終わらせる」ために、協力するようになります。

**最適な会議時間は、1時間ではなく45分です。**なぜならば、45分を超えると集中力が下がるからです。長くても60分が限界です。

私は、「打ち合わせ」する場合は、一度に2〜3件連続して予定を入れます。1社目15〜16時、2社目16〜17時、3社目17〜18時。時間内に終わらないと、次のアポの人が来るので、100%定時で終了します。

最初から「1時間」と決めて、お伝えしていれば、相手は必ずその時間に終わらせます。「何時まで」と言わないと、ダラダラと延長するので、終了時間を必ず最初に確認してください。

参加者全員が集中して行う「会議や打ち合わせ」は、極めて有益です。

逆に時間をかけるほど集中力とクオリティが下がることを意識しましょう。

## イライラしたときは適量のナッツ
# 「間食」
## の最適化

午後仕事で疲れたときや小腹が空いたとき、何か食べたくなりますが、「間食」は健康によいのでしょうか、悪いのでしょうか。あるいはパフォーマンスを上げるのか、下げるのか。「間食」の最適化をお伝えします。

### イライラしたときは間食もあり

会議が長引き、1時間を超えても終わらない。そんなとき妙にイライラして、居ても立ってもいられなくなった経験はありませんか。

カロリーの消費が激しくても、私たちの身体は低血糖にならないよう、血糖値を上昇させるホルモン、アドレナリンが分泌されます。

アドレナリンは、「怒ったとき」や「イライラしたとき」にも分泌されるホルモンです。

だから長引く会議で、イライラするようなときは、低血糖を防ぐためのアドレナリンが出ている可能性があります。

脳はブドウ糖をエネルギー源とします。脳は、全体重の2％に過ぎませんが、全エネルギーの20％も消費します。

さらに、脳がストレスを受けると通常よりも12％も多くのエネルギーを必要とするのです。

将棋の棋士は、1日の対局で2〜3kg痩せるといいます。だから頭を使う仕事、特に「締め切りに追われている」「深刻な会議」などのストレスがかかる状態では、さらにエネルギーを使うので低血糖ぎみになり、それを防ぐためにアドレナリンが分泌されて、イライラするわけです。

午後の仕事で疲労感を覚え、明らかにパフォーマンスが低下している。あるいは、長時間の会議でイライラしたり、怒りっぽくなり議論が紛糾する。こんなときは、我慢するよりも、何か「間食」をしてエネルギー補給した方がいいでしょう。

**血糖値が少し高まれば、アドレナリンの分泌は止まり、気分も落ち着き、仕事のパフォーマンスも上がります。**

空腹にともない「イライラが強い」「頭がボーッとする」「仕事に集中できない」ときは、それを我慢して仕事を続けるよりも、何かちょっとした間食をした方がいいのです。

> お菓子は小袋1つ程度

疲れたときの間食はOKですが、問題は何をどの程度食

べるかです。

　小分けされたお菓子を1袋つまむくらいはよいのですが、間違ってチョコレート1枚を食べてしまうと逆効果です。

　糖分を摂取することで血糖値が一気に上がると、インシュリンが分泌され、今度は血糖値がドーンと下がります。

　すると、再び「低血糖」ぎみになってしまい、全くパフォーマンスが上がりません。場合によっては、眠気におそわれる場合もあり、本末転倒です。


　1日で許容される間食のカロリー数は200kcal、糖質は10gといいます。

　甘い物でいうならば、「小分けされたお菓子」がいいでしょう。丁度、1袋食べれば、カロリー数も糖質も基準内に収まるでしょう。

　板チョコや袋菓子の封を開けてしまうと、誘惑に負けてついつい食べすぎてしまう。そんな点からも、**「小分けされたお菓子」が丁度いいのです。**

### お勧めの間食はナッツ

　ダイエット中の人にもお勧めの間食はナッツです。

　ナッツは歯ごたえがあり、満腹感が出やすく脂質中心なので、吸収が遅く血糖値が上がりにくい。

　つまり、ナッツは徐々にエネルギーを補給してくれるの

で、間食に最適なのです。

**ナッツを食べる人は、30年間の全死因死亡率が20％も低く、心臓疾患や糖尿病のリスクを下げられる**というデータがあり、科学的にも健康効果が認められた食品です。

カロリーが高いわりには、太りにくいといわれます。

そんなナッツにももちろん適量があります。1日30g前後。片手で一つかみくらいの量が丁度いいでしょう。

ただし、健康によいナッツは、クルミ、アーモンド、カシューナッツ、マカダミアナッツです。

ピーナッツとコーンに関しては、カロリーがかなり高いので、食べすぎると健康にマイナスという意見もあります。

ナッツ以外では、チーズ、スルメ、高カカオチョコレート、フルーツなどもいいでしょう。

間食として飲んではいけないものは、清涼飲料水や砂糖入り缶コーヒーです。

休憩の定番として飲んでいる人も多いでしょうが、350mlの缶で25g以上の糖質が含まれているものは体によくありません。

カロリー数、糖質ともに間食の許容範囲をオーバーしています。水分なので血糖値も上がりやすいので控えましょう。

# デスクワークと単純作業で使い分ける
# 「音楽」
# の最適化

「音楽を聴くと仕事がはかどる?」それとも
「静かな方がいい?」。非常によくある質問です。
脳科学的な研究をベースに、
「音楽」でパフォーマンスを上げる方法をお伝えします。

## デスクワークでは「仕事前」に音楽を聴く

　音楽と仕事、勉強効率を調べた研究はたくさんあります。それらを要約すると、音楽ファンにはたいへん残念な結果ではありますが、「**勉強をするときに音楽をかけると、著しく効率が下がる**」という研究が多いのです。

　たとえば、スコットランドのグラスゴー・カレドニアン大学の研究によると、「テンポの速い曲」「テンポの遅い曲」「環境音」「無音」の4つの条件下で記憶力、注意力などを調べたところ、「無音」が最も得点が高く、「音楽」「環境音」があると全て得点が低下したのです。

　特に「テンポの速い曲」では、「無音」と比べて記憶力テ

ストの得点が約50％も低下しました。

　作業に関係のない音があることで、静かな環境のときよりも作業効率が悪化することは「無関連音効果」と呼ばれます。

　人間の脳は、マルチタスクができないので、「仕事・勉強」と「音楽」のマルチタスクを強いることによって、脳のパフォーマンスは低下するのです。

　特に「歌詞」のある音楽は、言語脳に負荷をかけるので、よりパフォーマンスは下がります。

　一方で、東北大学の研究によると、**テンポの速い曲を聴いた後に記憶力の検査を行うと、記憶力がアップした**というデータがあります。

　また、**「好きな音楽」を聴くと、集中力や記憶力をアップさせる学習物質ドーパミンが分泌される**という研究もあります。

　仕事（勉強）前に自分の好きな曲、テンポの速い曲を聴き、気分を上げる。仕事を開始したら音楽は止めて、静かな環境で集中する。また、休憩時間に音楽を聴き気分転換する。

　このように上手に音楽を活用すると、あなたの仕事効率、勉強効率は大きくアップします。

　好きな音楽をうまく使って仕事の効率を上げてみましょう。

仕事中に音楽を聴くと、パフォーマンスが下がるといいました。これは、パソコン作業や書類作成、計算などの知的作業の場合です。

オートメーションの流れ作業、箱を組み立てるなど、手先を動かすような**単純作業の場合、音楽をかけた方が作業効率は上がります。**

実際、「流れ作業」のラインで音楽をかけて、作業効率をアップさせている会社もあります。

仕事と音楽についての研究はたくさんありますが、どんな仕事、作業をするかによって、音楽が人に及ぼす影響は変わります。

**音楽は、記憶力、読書（読解）に対してはマイナスですが、作業スピード、運動、気分に対してはプラスに働く**ということです。

外科のドクターは、手術中に自分のお気に入りの音楽をかける人が多いのですが、知的作業であっても、「段取り」「手順」「次に何をするか」が決まっているものは、むしろ「手作業」に近いので音楽があった方がはかどるのです。

イギリスのブルネル大学の研究では、長距離ランナーに

「クイーン」や「マドンナ」の曲を聴かせたところ、走行距離が18％伸び、タイムも短縮したというデータがあります。このように運動するときに音楽を聴くと、運動能力がアップする研究が多数あります。

> 無音派と雑音派に分かれる

「無音が、一番仕事がはかどる」という研究を紹介しましたが、「静かすぎると逆に集中できない」という人もいるでしょう。

スウェーデンのストックホルム大学の研究によると、普段集中力が足りない生徒にホワイトノイズ（テレビの砂嵐のような音）を聞かせると学習効果が上がりました。逆に集中力が高い生徒にホワイトノイズを聞かせると、学習効果は低下したのです。

つまり、**「環境音、少しの雑音」の影響は、個人差があるということです。**カフェで仕事をすると「仕事がはかどる人」と「気が散る人」に分かれるのもそういうことです。

「雑音派」の人は、「無音」だとパフォーマンスが下がりやすいので、波や風の音、鳥のさえずりなどの自然音を小さな音量で流しながら仕事、勉強をするとよいでしょう。

YouTubeで「環境音」「自然音」で検索するといろいろ出てきます。そうしたものを上手に活用したいですね。

第 **3** 章

# 「夜」の最適化

# うまく使えば仕事効率がアップする

# 「遊び」の最適化

ビジネス書や成功を指南する自己啓発書は
山ほど出ていますが、「遊び」について
ほとんど言及されていないのは残念なことです。
「遊び」の重要性について考えてみましょう。

> 遊びは充電!　成功したければ、もっと遊べ!

　仕事人間、会社人間で、仕事ばかりしていては、幸せな人生を送ることはできないでしょう。

　人生はマラソンのようなもの。長距離走です。きちんと「給水」している人が、最後までスタミナを維持でき、同じペースで走り続け完走できます。「遊び」は、人生のエネルギー補給なのです。意識的に遊ばないと、いつかガス欠になってしまうでしょう。

　「仕事が生きがい」といい、1年365日仕事をしている私の友人がいましたが、うつ病になりました。

　**遊ぶ、楽しむことは、リフレッシュであり、エネルギー補**

**給です。**それがしっかりできない人は、いつか必ず失速します。

　私の友人、知人を見ると、本当に成功している人は、遊びに貪欲です。エネルギッシュでバイタリティもあります。

　中には「仕事人間」で成功している人もいますが、お疲れモードで顔色がよくない人が多く、人生を楽しんでいるようには見えません。成功したければ、もっと遊びましょう！

　日本人は、もっと遊びに貪欲になるべきです。

> 「遊び」の予定を入れると仕事がはかどる！

　コロナ禍の前、私は年間100本映画を観て、週に4回、6時間以上運動し、年に6週間海外旅行に行っていました。

　他の人の3倍働き、2倍遊ぶのが私のモットーです。

　「そんな時間どこにあるの？」と思うでしょうが、遊びに真剣だからこそ、その予定時間までに、何が何でも仕事を終わらせるのです。

　これは、「午後仕事」の最適化（P163）で先述した**「制限時間仕事術」になるので、集中力は高まり、実際に決めた時間までに必ず仕事は終わります。**

　「仕事は終わる」ものではなく、「終わらせる」ものです。「終わった時間」に帰るのではなく、「この時間に終わらせ

る」と決めると、午前中からペースを上げていかないといけないので、仕事の効率は20〜30%アップします。

仕事の後、飲み会や映画の予定を入れて、**「遊び」で自分を追い込むことで、ノルアドレナリンが出て、脳が活性化するのです。**

これを私は「ケツカッチン仕事術」と呼んでいます。「ケツカッチン」とは、業界用語で「この後に仕事が入っている」という意味です。

方法は、スケジュールに「遊び」の予定を書き込み、そこに仕事を入れないようにする、ただそれだけです。

朝、「TO DOリスト」を書くとき、「遊びのTO DOリスト」も書きましょう。

多くの人は、「仕事が忙しいから」と遊びの予定をずらしたり、キャンセルしたりします。無意識に「ずらせばいい」と思っている人は、緊迫感が出ないので、「ケツカッチン仕事術」の集中力アップ効果が得られません。

「仕事」も「遊び」も甲乙をつけずに、全力で取り組む。それだけで、毎日が楽しくなります。

> 自分の「極上時間」を持つ

あなたにとっての「極上時間」は何ですか？

極上の時間とは、趣味や娯楽など「コレをしているときは最高に楽しい。最高のリフレッシュになる！」という時

間です。

　「極上時間」を即答できた人は、人生を謳歌できている人。素晴らしいと思います。

　この質問をすると、3人に2人は「自分は何をしているときが楽しいかわかりません」と言います。決まった趣味や娯楽を持たない人は、非常に多いのです。

　私は、「映画館で映画を観ている瞬間」「お気に入りのバーでレアなウイスキーを飲んでいる瞬間」「海外の絶景スポットを背景にYouTube動画を撮影しているとき」が、極上時間です。

　**極上時間がはっきりすれば、その時間を増やすことで、簡単に幸せを増殖させることができます。**

　まずは、「私は自分が何をしているときが一番楽しいのか」というシンプルな問いに答えを出すため、自分と向き合いながら、「自分の中の楽しい」を発見してください。

　発見方法はいくつかありますが、中でも「3行ポジティブ日記」（P201参照）は、自分の「楽しい」探しの役に立ちます。

　日本人は、「遊ぶ」ということに罪悪感を持っている人が多いのですが、そのリミッターが外れたときに、仕事に対しても爆発的なエネルギーが得られるはずです。

　成功したければ、もっと遊びましょう！

シナジーを生む動画活用法をマスター

# 「テレビ」の最適化

テレビは、スマホと並んで時間のムダをつくりやすい
ツールです。漫然と見れば時間のムダにしかならない
動画も上手に使えば貴重な情報源になります。

## 目的を持ってテレビを見る

「どうしても見たい番組」を見るのは、悪いことではありません。目的なくテレビを見るのが時間のムダなのです。

一人暮らしの人が家に帰ると、寂しいのでなんとなくテレビをつけてしまう。すると、たいして見たくもない番組を次々と見てしまい、気がつくと2、3時間経っています。

これを防ぐには、**テレビは録画して見ることです。ニュースやスポーツ以外は生で見ない**。録画してあるストックの中から、本当に見たい番組だけを見る。これだけで、ムダな動画時間が貴重なインプット時間に転化できるのです。

私は、テレビドラマは、TVer（民放テレビ局公式テレビポータルサイト）で見ます。つまり、ウェブ視聴です。

スマホでも見られるので、電車などの移動時間、運動時

間など「スキマ時間」を有効活用できます。

運動しながら動画を見る

私はテレビのドラマやアニメを見ますが、その時間はスポーツジムのランニングマシンの上です。

アニメはおもしろい！ しかしテレビに向き合ってアニメを3話見ると、時間をムダにした気持ちになります。

一方、ランニングマシンで走りながら見ると、20分があっという間に過ぎ、3話見ると60分も運動しているのです。

**「運動×動画」は、健康と娯楽が一石二鳥で得られる**、私にとっては、極上の時間の使い方といえます。

ニュースを見すぎない

コロナ禍において、テレビのニュースや情報番組を何時間も見ていた人は多いはずです。

しかし、「ネガティブなニュース」を見続けると、気分がものすごく落ち込みます。

映像などの視覚情報は、文章だけの「文字情報」よりも、6倍記憶に残りやすいといいます。つまり、それだけ感情を大きく揺さぶられるのです。

**ニュース番組は、ネガティブなニュースが多いので、多くても1日1回、1時間以内に留めるべきです。**

# 毎日の晩酌は絶対に避けよう
# 「お酒」の最適化

お酒が好きな方は多いのですが、
「ストレス発散で飲む」「毎日飲む」「寝る前に飲む」
「悪口を言いながら飲む」「記憶がなくなるまで飲む」
など、間違ったお酒の飲み方をしている人が大部分です。
正しいお酒との付き合い方を紹介します。

## お酒はストレス発散にならない！

ストレスを発散する方法として、多くの人が最初に思い浮かべるのは、お酒ではないでしょうか。

**しかし、「お酒はストレス発散になる」は、間違いです。**

お酒を飲むとストレスホルモンであるコルチゾールの分泌が増えます。

また、長期で飲酒を続けるとストレス耐性が下がり、「抑うつ」も高まります。うつ気味の人は、毎日お酒を飲むと、うつ病のリスクをより高めるのです。

さらにお酒は睡眠の質を悪化させるので、疲れをためて、ストレス発散どころかストレスをつくっていきます。

お酒を飲むと、その場でハッピーになるだけで、根本的なストレスの解決にはなりません。結局、問題は先送りされるだけなので、「ストレス発散」を言い訳にお酒を飲むと、飲酒量が増え続け、負のスパイラルに陥ってしまいます。

　ちまたでよくみる**お酒を飲みながら、上司や会社の悪口を言う光景は、「悪いところ探し」のトレーニングにしかなりません。**人間関係をより悪化させるだけです。

　本来お酒は、コミュニケーションの潤滑剤として、会社の仲間や友達と仲良くなるために楽しく飲むものです。何かを達成したときの「ご褒美」や「祝杯」「お祝い」など、楽しみながら飲むお酒は、プラスの効果が得られるでしょう。

> お酒は健康に悪い！　適量飲酒を意識せよ！

　「少量の飲酒は健康にいい」という話を、聞いたことがありませんか？

　ネットで検索すると、「お酒を全く飲まない人よりも、少量の飲酒をする人の方が病気のリスクが低い」と解説しているサイトがありますが、これはかなり古い情報です。

　「少量の飲酒は健康にいい」というのは一昔前の誤った常識。現在では、**「お酒を飲まないのが最も健康にいい。お酒を飲めば飲むほど、健康に悪い」**と考えられています。

心筋梗塞や脳梗塞など、いくつかの疾患に関しては、「少量飲酒者の発症リスクが低い」というデータがありますが、全ての病気を合計した数字でみると、**お酒を飲めば飲むほど病気の発症率や死亡率は高くなるのです。**

とはいえ、お酒が好きな人にとって、「お酒をやめろ」というのは、非常に難しい話です。

そこで、「適量飲酒を意識してください」という話になります。

少量の飲酒であれば健康への問題はさほど心配しなくてよい。これが、「適量飲酒」です。

生活習慣病のリスクを高めない飲酒量は、純アルコール量で、1日20g、週100gといわれています。ビールだと1日500ml、1缶までOKとなります。

「そんな少ない量で満足できるか！」と思う人もいるでしょうが、これは毎日飲んだ場合です。飲酒量は「週単位」で調整すればよいので、1日おきに飲むならば、1回の飲酒でビール500ml、2缶までが適量飲酒となります。

これだとまあまあ楽しめるのではないでしょうか。

> 毎日飲まない！　週2日の休肝日

お酒と健康を考える上で、「量」が注目されますが、私は**量以上に「毎日飲酒する」のが健康によくない**と考えてい

ます。

お酒が完全に身体から抜けるには、(飲酒量にもよりますが)24時間以上必要です。

毎日飲酒すると肝臓が休む暇がなく、すごく負担がかかります。また常にアルコールが体内にある状態が続くと、脳がそれに慣れてしまうというデメリットがあります。

これらは肝機能障害、睡眠障害やアルコール依存症のリスクを飛躍的に高めることになるのです。

毎日お酒を飲み続けると、「もっと飲みたい」という飲酒欲求も強まり、飲酒量も増えていきます。

悪いことに多量飲酒では、うつ病のリスクが3.7倍、認知症のリスクが4.6倍にも増えます。

だからこそ、週に2日の休肝日(お酒を全く飲まない日)をつくる、またできれば、2日連続で飲まない日をつくることが大切なのです。

「週に2日もお酒を飲まないなんて無理」と思った方は、すでにアルコール依存症の予備軍の可能性があります。

**男性飲酒者の4%、すなわち25人に1人がアルコール依存症といわれます。**アルコール依存症の予備軍は、その数倍はいると考えられるので、他人ごとではありません。

「適量飲酒」と「週2日の休肝日」を守って、楽しく、お酒を楽しみたいものです。

入浴・食事・運動がカギを握る

# 「疲労回復」
## の最適化

健康の秘訣は、その日の疲れはその日のうちに解消すること。
「宵越しの"疲れ"は持たない」ということです。
疲れを翌日に持ち越すと、週末には、
お疲れモードで土、日は昼まで寝ることになります。
その時に効果的なのが、入浴、睡眠、運動の3つです。

睡眠90分前入浴

入浴には、以下の3つの疲労回復効果があります。

**1** ▶ 温熱効果

身体が温まり、筋肉がほぐれ、血流もよくなり疲れがとれやすくなる。

**2** ▶ 浮力効果

水の浮力によって、重力の影響が減るため、筋肉の負荷がとれてリラックスしやすくなる。

水による圧力、静水圧によって手足の血管や内臓などが刺激を受け、全身の血行改善やむくみ解消に役立つ。

アメリカのスタンフォード大学の西野精治教授は、**睡眠を深め、疲労を回復する睡眠法として、睡眠90分前入浴を勧めています。**これは寝る前90分を目処（めど）にお風呂から上がるという睡眠法です。

たとえば、23時に寝たい場合は、21時から21時半まで入浴すると、お風呂上がりから、寝るまでが90分となります。お風呂の温度は40度、湯船に入る時間は15分が目安です。

42度くらいの熱い風呂が好きな方は、寝る前120分には、風呂から出るように調整してください。温度が高い分、体温が下がるのに時間がかかるためです。

深い睡眠に入るには、深部体温（身体の内部の体温）が約1度低下する必要があります。寝る前90分頃に風呂から上がると、その後徐々に気化熱で皮膚温が低下し、続いて深部体温が低下します。丁度、寝る頃に、深部体温が1度下がった状態となり、ストーンと深い眠りに入ります。

仕事で忙しい人が、22時半に帰宅し、「疲れているからお風呂に入りたい」と入浴したとします。23時に風呂から上がり、すぐに布団に入ったとしても、体温が高いのでな

かなか寝つけないはず。もしくは、眠ったとしても、深い眠りには入りにくいので、疲れがとれません。せっかくの入浴も、疲労回復にはマイナスとなるのです。

**寝る直前の入浴は睡眠によくないので、その場合は、軽くシャワーを浴びる程度にしましょう。**

> ## 寝る前2時間は食事をしない

ぐっすり睡眠をとると疲れがとれるのは、睡眠中に「成長ホルモン」が分泌されるからです。

成長ホルモンは、言い換えると「疲労回復ホルモン」です。

**寝る前2時間以内の食事は、睡眠の質を著しく低下させます。なぜならば、成長ホルモンが出なくなるからです。**

成長ホルモンは「血糖値を上げる」効果があるため、血糖値が高い状態では、分泌が低下します。

寝る前に食事をすると、血糖値が上がり、せっかく睡眠をとっているのに、疲労回復に役立つ成長ホルモンが十分に出ないという残念な結果になるのです。

また、寝る前にとったエネルギーは消費されないので、そのまま蓄積され、肥満の原因になります。

仕事で夜帰宅が遅い人は、寝る直前に食事をしている人もいるでしょうが、寝る前2時間以内の食事は、避けたいものです。

**眠気が強まったときに布団に入ると、ストーンと深い眠りに入るので、成長ホルモンがたっぷり分泌されます。**

逆に、せっかく眠気が出ているのに、「やることがあるから」と眠気を我慢すると、眠るタイミングを逸し、睡眠は深まりません。「眠気が出たタイミングで、すぐに眠る」というのは、深い睡眠、そして疲労回復のためにとても大切なことです。

> 疲れたときは、あえてジムで運動をする

疲れているときに運動すると身体によいのです。

というと、「そんなバカな」と思う人も多いでしょう。

しかし、最近は「積極的休養」（アクティブレスト）が注目されています。

疲労した状態で、積極的休養群（運動）と消極的休養群（横たわる）の血中乳酸量を調べたところ、積極的休養群の方が、疲労回復のスピードが2倍も速くなったという研究結果があります。

運動するとなぜ疲労が回復するのでしょうか。

その答えは以下の5つです。

**1** 成長ホルモンが分泌される

**2** 睡眠が深まる

**3** 血流が改善し疲労物質が押し流される

**4** ドーパミン、セロトニンが整い精神的疲労が回復する

**5** コルチゾールが低下しストレスが発散される

このような機序で、脳と身体の疲労回復が進むのです。

サラリーマンの場合、デスクワークによる疲労は、肩まわり、首まわりの筋肉の局所的な疲れです。

しっかりと**全身の筋肉を使った有酸素運動をすることで、成長ホルモンが分泌されたり、血流改善効果が得られたりと、局所の疲労が回復します。**

アスリートは、毎日ハードなトレーニングをしますが、翌日に疲れを残しません。

なぜならば、たっぷりと成長ホルモンが分泌されるので、バッチリ疲労回復をするためです。

運動強度としては、やや強度の高い（中強度）有酸素運動を30〜45分。筋トレと組み合わせると、さらに成長ホルモンが分泌されます。ほどよい疲れと、気持ちの良い汗が流れるくらいの運動がいいでしょう。

仕事帰りにジムに寄って汗を流す。そこには、運動による気分転換、運動不足解消、ダイエット効果だけではなく、「疲労回復」という極めて重要な効果が隠されていたのです。

ただし、寝る前2時間以内に運動すると、交感神経を優位にするのでよくありません（詳しくはP198を参照）。

## リラックスすることだけを考える
# 「寝る前2時間」
## の最適化

「寝る前2時間」は、リラックスの時間帯です。
この時間帯をリラックスして過ごすと、睡眠に入りやす
く、眠りも深くなり、疲れもとれやすいのです。
逆にあわただしく過ごすと、眠気が出ず、無理に眠っても
疲れがとれない。睡眠障害の原因にもなります。

### 「夜の神経」に切り替えるには2時間必要

　スポーツジムや映画から帰ってきて、すぐに布団に入っ
てもなかなか眠れないものです。脳や身体が興奮した状態
で、睡眠に入るのは無理なのです。仮に寝つけたしても、
リラックスできていないので、疲れはとれません。

　医学的にいえば、「昼の神経」である交感神経から、「夜
の神経」である副交感神経への切り替えが必要です。
　布団に入ったときに、副交感神経が優位のリラックスし
た状態になっていると睡眠は深まり、疲労回復効果も大き
くなります。この副交感神経への切り替えには、約2時間

必要だといわれます。

　つまり、**寝る前2時間をリラックスして過ごすことが、「深い睡眠」のための必要条件**、また翌日のパフォーマンスを高める必須条件となるのです。

　リラックスする具体的な方法は以下の7つです。

**①** 睡眠90分前入浴　入浴は最強のリラックス法です。

**②** のんびりする　お風呂上がりなどに、何もしないでボーッとするのはとてもよいことです。

**③** コミュニケーション　家族団らん、子供と遊ぶ、ペットとたわむれるとオキシトシンが分泌されます。

**④** 読書　読書にはリラックス効果があり、眠気を誘います。夢中になる小説、漫画はダメです。

**⑤** リラックス系娯楽　音楽、マッサージ、アロマキャンドルなど。

**⑥** 暗めの部屋で過ごす　蛍光灯のついた明るい部屋にいると脳は覚醒するので間接照明、赤色光（電球色）のやや暗い部屋で過ごしましょう。すると脳は睡眠の準備に入ります。

**⑦** 1日の振り返り日記　日記や3行ポジティブ日記を書きます。

> 寝る前の2時間は「興奮や刺激」を与えない

　寝る前2時間にやってはいけないことを紹介しましょう。

**①** ブルーライト（スマホ、ゲーム、テレビ）

　スマホは、睡眠障害の隠れ原因になっている可能性があります。スマホ、パソコンの画面、テレビは「ブルーライト」を発しています。ブルーライトとは、青空の波長、「昼の波長」なので、脳が「今は昼だ！」と勘違いしてしまい、睡眠物質メラトニンの生成が減り、眠気は吹き飛びます。

　寝る直前まで、スマホやテレビを見たり、ゲームをするのはよくないのです。

**②** 興奮系視覚系娯楽（ゲーム、映画）

　ゲームはとてもおもしろい。おもしろいというのは、脳が興奮している証拠です。あるいは映画もおもしろい。アクション映画やホラー映画など、刺激の強い映画を観ると、アドレナリンが分泌して、心臓がドキドキします。興奮すると交感神経が優位になり、睡眠を妨げます。

**③** 飲酒

　お酒は睡眠にマイナスの効果をもたらします。お酒を飲んでも、飲んでから2時間以上経つと、アルコールの代謝がかなり進みますので、睡眠への悪影響はかなり減ります。

　水を多めに飲むことで、アルコールの代謝は進みやすくなりますが、**寝る目的でお酒を飲んだり、寝る直前にお酒を飲む習慣を続けると、睡眠障害の原因となります。**

**4** カフェイン

カフェインには強烈な覚醒作用があります。コーヒー、紅茶、緑茶などのカフェインが多い飲料を寝る前や夕方以降に飲むと眠れなくなります。

また、ノンアルコールドリンクの定番として知られるウーロン茶やコーラにもカフェインが含まれています。飲み放題で3、4杯も飲むと、コーヒー1杯のカフェイン量を超えるので、意外に注意が必要です。

**5** 喫煙

喫煙者にとって、寝る前の一服は欠かせないかもしれません。しかし、ニコチンには覚醒作用があります。アドレナリンの分泌を促し、脳はギラギラとして、交感神経が優位になるのです。**喫煙者は、不眠症の率が4〜5倍に跳ね上がり、入眠時間が15分遅れるという研究結果があります。**

**6** 激しい運動

先述したように激しい運動は交感神経を優位にします。運動は基本的に睡眠を深めるので大歓迎なのですが、睡眠2時間前までには終わらせておきましょう。

ストレッチやヨガのような、ごく軽い運動であれば、身体の筋肉をほぐし、リラックスさせるので、睡眠前でも良い効果が期待できます。

## まずは寝る前30分のリラックスから

「寝る前2時間は、スマホを見ないように！」と注意しても、ほとんどの人は「無理です！」と言います。

そこで私は、「寝る前30分は、スマホ利用時間は5分にする」ことをお勧めしています。

どうしても、寝る直前にメッセージをチェックしないと落ち着かない人もいるでしょう。

だから5分くらいはよしとします。ただし、「ずっとスマホをさわり続けたり、ベッドにスマホを持ち込んだりするのはやめましょう」ということです。

前項の「寝る前2時間にやってはいけないこと」の中の項目を「どうしてもやってしまう」という人はいるでしょう。その場合、まずは「寝る前30分はやらない」というルールからスタートしましょう。

それだけでも、寝つきがよくなり、睡眠が深まる人は多いものです。

**1日24時間、あわただしく過ごしているので、せめて寝る前「30分」だけは、リラックスして、のんびり過ごしてみませんか。**

それが、睡眠を深め、疲労を回復し、明日の活力につながり、翌日のパフォーマンスを高めるのですから、非常に有益な時間投資といえます。

# たった15分で絶大な効果を発揮する
# 「就寝直前」
## の最適化

「就寝直前」とは、パジャマに着替え、歯磨き、
洗顔が終わった後の時間帯です。多くの人は、
「眠たいから、そろそろ寝るか」と、布団に直行するため、
「就寝直前」の時間帯を上手く活用できていません。
そのたった3分間を有効利用すると、
人生が大きく変わる可能性があります。

## ピークエンドの法則で幸福感アップ

よく「終わり良ければ全てよし」といいますが、これは
科学的に正しいのです。

ノーベル経済学賞を受賞したダニエル・カーネマン博士
は、「ピークエンドの法則」を提唱しています。

「ピークエンドの法則」とは、冷水に手を入れて不快感を
計測する実験で、最後の30秒だけ「ぬるま湯」に手を入れ
てもらうグループでは、不快度が大きく減少したという実
験から生まれました。

つまり人間の印象は「ピーク」と「エンド」で決まるということです。

日常生活で何が起きるかは、自分でコントロールできませんが、寝る前に「何を考えるか」は自分でコントロールできます。

「上司に叱られた」のようなネガティブな体験を思い出し、クヨクヨしたり、イライラしたり、不安な気持ちで布団に入る人は少なくないはず。

「上司に叱られた」ことを思い出して眠れば、「最悪の1日」になりますが、「書類を完成して提出した！」ことを思い出せば、達成感と充実感のある「幸せな1日」として締めくくれるのです。

不安とは、扁桃体の興奮の結果です。扁桃体が興奮すると、脳も身体も臨戦状態となりますから、眠りを妨げます。

寝る直前は、「ネガティブ体験」ではなく、「ポジティブ体験」を思い出して、ハッピーな気分でそのまま眠りましょう。

すると「いい1日だった」という記憶が定着し、睡眠も深まるのです。

3行ポジティブ日記

寝る前に「ネガティブなことは考えないようにしよう」と、ネガティブ思考の強い人にアドバイスしても、「無理で

す」と瞬殺されます。そのような人は「ネガティブなことを考えないようにしよう」と意識すればするほど、ネガティブなことに注意が向かってしまいます。

そこで、私がお勧めしているのが、**「3行ポジティブ日記」**です。

今日あった「楽しかったこと」「よかった出来事」を1つ1行ずつでいいので3つ（3行）、紙に書いてください。

1行1分、3分あればできるはずです。紙に書いたら、その中の一番楽しかったことを、強烈にイメージしながら、布団に入って寝るまでそのイメージを維持してください。

人間は、一度に2つのことは考えられません。

**「ポジティブな記憶」で頭を一杯にしていれば、「ネガティブな記憶」が入ってくる余地がないのです。** 不安が強い人、失敗体験を引きずる人、メンタル疾患の患者さんなどは、1、2週間やるだけで、絶大な効果が得られます。

寝る前に考えたことは、記憶として強化されます。寝る前のたった3分間の習慣で自己肯定感が高まります。

> 記憶のゴールデンタイムを活用

「記憶」の最適化（P244）でも書いていますが、寝る前15分は「記憶のゴールデンタイム」です。1日の中でも、最も記

憶や暗記に向いている時間。受験生、資格試験、語学試験などの勉強をしている人にとって、記憶のゴールデンタイムを活用しないのは、なんともったいないことでしょう。

　ここでは記憶のゴールデンタイムを活用した具体的な記憶術について説明しましょう。

　単語帳やノートなどに「暗記したい項目」「暗記できなかった項目」をまとめておきます。洗顔、歯磨きを済ませてすぐに寝られる状態で、それらの暗記をします。

　最後の3分間が最も重要です。最も覚えにくく、いつも間違ってしまう、難易度の高い英単語を3個ピックアップし、それぞれ10回ずつ紙に書きます。そして、すぐに布団に入る。眠りに入るまで、3つの英単語を頭の中で、順番に繰り返していきます。以上です。

　そうすると不思議なことに、朝、目が覚めたときに、その3つの英単語が、頭の中にドーンと浮かんでくるのです。

　「記憶のゴールデンタイム」の活用法のコツは、欲張りすぎないこと。一晩で、英単語だと3個。数学や物理の公式だと1個に特化して覚えることです。

　地味なようですが、毎日やれば1ヶ月間で90個、1年で1000個の英単語が暗記できるのですから、最強の記憶術だと思います。

# 第 4 章

# 「仕事」の最適化

## 効率よくタスクをこなす必須思考

# 「集中力」
## の最適化

どんな仕事や学習でも集中力がある時とない時では、その効率は大きく異なります。短時間で大きな成果を上げるにはこの仕組みを知らなければならないのです。

### 15 − 45 − 90分の法則

「午後仕事」の最適化（P163）で書きましたが、「15分」「45分」「90分」単位で仕事をすると集中力が維持でき、すごく効率化できます。

その中でも最も高い集中力を持続できるのが「15分」です。フルに脳を活用する同時通訳ができる限界時間は、15分といわれます。

東京大学の池谷裕二教授の研究によると、**「60分の学習」よりも「15分×3（計45分）の学習」の方が、学習効率が高い**という結果が出ました。

「45分」は、小学校の授業の1コマ、小学生が集中力を持続できる限界です。また「90分」は「ウルトラディアンリ

ズム（覚醒と眠気が繰り返されるリズム）」と同じで、大学の講義の1コマが90分。大人の集中力の持続の限界が90分といわれます。

サッカーの試合は、45分ハーフの90分で行われますが、90分を超えたアディショナルタイムに入ると、急にミスが多発して、得点が入りやすくなります。

**仕事の効率化を図るには、集中力の最適化「15－45－90分の法則」を意識することです。**仕事や勉強を、15分刻みにして一気に片付け、小休止を入れる。45分か90分おき、疲れすぎる前の休憩を意識しましょう。

私は、机の上に15分の砂時計をおいて、常に15分の集中時間を効果的に使うことを意識しています。すると、本当に15分で終わるのです。

> 脳のゴールデンタイムを活用する！

「集中力を高める方法」を知りたい人は多いはずです。その手の本もたくさん出版されています。

机の上を整理する、場所を変える、気分転換するなど、ちょっとした方法で集中力を多少改善することは可能ですが、仕事から帰り、疲れてヘロヘロの状態ではさすがに集中力を高めることは困難です。

1日の中で「高い集中力」が発揮できる時間帯は限られて

います。だから、限られた時間をムダにしないことが、「集中力」の最適化には必須です。

**1日の中で最も集中力が高い時間帯は、起床から2〜3時間**。これを「脳のゴールデンタイム」といいます。

「通勤時間（P143）」「始業（P146）」の最適化でも解説しましたが、非常に重要なので、追加の解説をしておきましょう。

睡眠中に脳内の前の記憶はきれいに整理されます。ですから起きた直後の脳の中は「何も載っていない机」のような状態。脳は疲れていないので、生き生きとした状態です。

そこから3時間の脳の使い方が全てといっていいでしょう。通勤時間の活用。朝活で自分の勉強をする。そして、始業開始直後にどんな仕事をするのかを考え、脳のゴールデンタイムをうまく活用するか、ムダにするかで人生の明暗が分かれます。

また脳のゴールデンタイムを4〜5時間に延長する裏技があります。それは、ムダな情報を脳に入れないこと。きれいな机をきれいなまま使うということです。

一番よくないのは、朝のテレビの情報番組です。自分にとって不必要な情報が大量にインプットされるので、朝の情報番組を30分見ると、それで脳のゴールデンタイムはほぼ終了します。通勤時にスマホを目的もなくながめるのも同様です。

脳が疲れた状態では集中力はリセットできないといいましたが、1つだけ集中力をリセットするすごい方法があります。

それは、「有酸素運動」です。短時間の運動でも集中力を高める脳内物質、ドーパミンやノルアドレナリン、セロトニンなどが分泌されるからです。

**集中力を高めるための運動に必要な時間としては、最低15分。**できれば30〜45分。汗が流れる中強度以上の運動で、ドーパミンやノルアドレナリンが脳に補充されます。

すなわち、スポーツジムに行って汗を流すイメージです。

私は、1日10時間執筆する日もありますが、そういう日は夕方にジムに行って汗を流します。

その直後にカフェに駆け込み執筆を開始すると、朝起きたのと変わらないパフォーマンスで、2〜3時間集中して執筆ができます。

サラリーマンの場合は、仕事帰りにスポーツジムに寄ってジョギングや筋トレなどで汗を流せば、帰宅後の2〜3時間を高い集中力で自己投資や自分のための勉強時間として活用できます。

# 「はじめる」ルーティンをつくることが重要
# 「やる気」
## の最適化

仕事や勉強をはじめようとしても、
なかなか「やる気」が出ない。
「やる気」が出るまで待っていたら、15分、30分が
あっという間にたってしまったことはありませんか。
そのような人のために「やる気」を高める方法を紹介します。

## 「やる気」は存在しない!?

脳科学者の池谷裕二東京大学教授はいいます。
「やる気なんて存在しない」と。
　これを聞くとビックリする人もいると思いますが、私も
全く同じ考えです。

　たとえば、笑顔が出る。その場合、ほとんどの人は楽し
いから笑顔になると思っているのですが、最近の脳科学研
究では、「笑顔（筋肉の収縮）」が先で「楽しい」という感情は
後から起きることがわかっています。
　**つまり、「行動」が先で「感情」は後からついてくるのです。**

「やる気」に関しても同様で、やる気が高まるので仕事を
したくなるわけではなく、仕事をはじめて、「調子が出てき
た！」と感じることで私たちは「やる気が出てきた」と認識
するのです。行動が先で、感情は後。やる気が出るまで待っ
ていては、いつまで経ってもやる気は出てこないのです。

　とはいっても「やる気」が出ないと仕事も勉強もはじめ
られないという人は、どうすればよいのでしょうか。
　その答えは、「さっさとはじめる」ことです。
　「そんなの矛盾している」と思うかもしれませんが、「や
る気が湧かないときは、とりあえずはじめる」というのが、
脳科学的に正しい方法なのです。

　「部屋の掃除をやろう」と思っても、なかなかやる気が湧
かない。しかし一旦、掃除をはじめると、おもしろくなっ
てしまい、1時間以上夢中で掃除してしまった……という
経験はありませんか。

　このように、作業をはじめてみるとだんだん気分が盛り
上がってきてやる気が出てくることを、心理学者クレペリ
ンは「作業興奮」と呼びました。

脳に「側坐核」という部位があります。脳のほぼ真ん中に存在する左右対称のリンゴの種ほどの小さな部位です。この側坐核の神経細胞が活動すれば、作業興奮が起こり、「やる気が出た」という気分になります。

ただし、側坐核の神経細胞は、ある程度の強さの刺激がきたときだけ活動をはじめます。側坐核は、脳内物質・アセチルコリンを介して、海馬と前頭葉に信号を送ります。

つまり、「とりあえず作業をはじめる」ことで、側坐核が自己興奮してきて、アセチルコリンが分泌され、やる気が出るということです。

まずやる気を出そうとするのではなく、作業をはじめて、脳が興奮してくるのを待つと「やる気」が出るのです。

### 「はじめる」ルーティンをつくる

何か作業や行動をスタートして、しばらくたてば「やる気」は出ます。億劫なときでも**「はじめる」ことができるようにルーティンをつくるとよいでしょう。**

私の場合、まず机に向かって最初にするのは、「TO DO リスト」を書くことです。今日1日の過ごし方、仕事の流れをイメージしながら、やるべきことを全てリスト化していきます。

そのとき、仕事だけではなく、仕事が終わった後の「遊

びのTO DOリスト」も書きます。

「仕事を18時までに終わらせて映画を観に行くぞ！」と、朝の時点でワクワク感をセットするのです。

ワクワクというのは、脳内物質ドーパミンが分泌されると起きます。ドーパミンは、目標を設定するだけで分泌される「モチベーション物質」「やる気物質」でもあります。

さらに「書く」という行動が、脳を活性化させます。ただ頭の中でなんとなく考えるだけでは、活性化しません。

今日のTO DOリストや予定を書くことで、側坐核が即座に興奮しはじめます。TO DOリストを書いたら、次に処理する順番をつけます。そして、一番目の仕事にとりかかるのです。

このように、「はじめる」ためのルーティンを事前につくっておくこと。それを儀式のように、毎日繰り返すだけで、「机について、TO DOリストを書いて、仕事がスタート」という習慣が脳に刻まれます。そうすると、**やる気のあるあるなしにかかわらず、仕事をスタートできるようになります**。

受験生の場合は、「英単語のチェック」のような、100％正答できる問題を3分ほど解く（書く）とよいでしょう。

脳が「やる気」を出すためには、「TO DOリスト」や「簡単な問題を解く」などの軽い「準備体操」が必要です。

## 自分からアウトプットする働き方が重要
# 「仕事を楽しむ」
## の最適化

多くのサラリーマンは、
「仕事はたいへんでつらい」と思っていることでしょう。
仕事の「つらい」を「楽しい」に変換できたら、
あなたの毎日は楽しくなり、
仕事のパフォーマンスも飛躍的にアップします。

### 「楽しむ」人が成功する

　楽しいときには、脳内でドーパミンが分泌します。ドーパミンは、集中力、モチベーション、記憶力を高め、仕事や勉強の効率を飛躍的に高めてくれる物質で、脳のガソリンのようなものです。

　逆に「つらい、苦しい」が続くと、コルチゾールなどのストレスホルモンが分泌されます。コルチゾールは、体調を悪化させ、意欲、やる気、記憶力を低下させるのです。これは、つらいことを続けて、心と身体を壊さないために、その行動を止める防衛本能です。

同じ仕事や勉強をしても、楽しみながらやる人は、成果が2倍になり、「つらい」「嫌だ」「やりたくない」と思いながらやる人は、2分の1になります。

　同じ時間、仕事や勉強をしても、得られる結果は何倍も変わってくるのです。

　あなたが仕事を頑張っているのに、思ったような成果が出ないときは、仕事を楽しんでいないのではないでしょうか。

　**仕事を心から「楽しめる」ようになれば、あなたの脳は圧倒的に活性化し、仕事のパフォーマンスはアップします。**その結果、職場で評価され、仕事での成功が得られるのです。

---

### 自己投資して、自己成長する

　ドーパミンは、楽しいときに分泌されるのですが、具体的にいうと、「目標を立てて達成したとき」「挑戦して自己成長したとき」に、たくさん分泌されます。

　**昨日できなかったことが、今日できるようなった、これが自己成長です。**自己成長を実感すると楽しくなり、やる気も出てきます。このスパイラルに入ると仕事を楽しみながら成長していくことができるのです。

　自己成長の法則は、第5章の「学習」の最適化（P239〜）で

詳しくお伝えしますが、端的にいうとインプット→アウトプット→フィードバックを繰り返す以外にありません。

そのために、**あなたがまずすべきことはインプット。**一番手っ取り早いインプットは、「読書」です。

誰でも「仕事がうまくいかない」「職場の人間関係」などの悩みを持っているはずです。それらの「悩み」の解決法は、全てこれまで出版された本に書かれています。

たとえば、「職場の人間関係」についての解決法、対処法は、拙著『精神科医が教えるストレスフリー超大全』(ダイヤモンド社)に書いていますが、ほとんどの人は、本で問題解決をしようと思っていません。

それは、ほとんどの人は読書の習慣がないから、本に問題解決の方法が書かれていることを知らないのです。

文化庁(2019年)の調査によると、「1ヶ月にだいたい何冊くらい本を読むか?」の問いに「読まない」と答えた人が47%もいました(漫画、雑誌はのぞく)。

現在の日本人の半数は読書をしないのです。

だから「本を読んで、その通りに実行すれば、ほとんどの問題は解決できる」こと自体を知らないのでしょう。

悩んだらまずは本を読んで「今、何をすべきか」を学び、次に行動に移す。これだけで、あなたは自己実現に向けて大きく踏み出すことができます。

仕事ができる人の多くは、会社では絶対に教えてくれない「仕事術」「時間術」「プレゼン術」「コミュニケーション術」などを自分で学んでいます。それは、筋トレ、基礎体力トレーニングのようなもの。他の会社に転職しても使える、根源的な力、仕事の基礎力です。

　言われたことをやるのは、当たり前。それ以外の隠れた努力をするかしないかで、職場での評価は全く変わってきます。

　学習もせず、会社の仕事を100％こなそうとするのは、「基礎体力トレーニング」をせずに、いきなり試合に出場するようなもの。なかなか上達もせず、結果も出ません。そのような人は、仕事を楽しめないでしょう。

　**仕事を楽しむためには、自己投資の時間を使い学習し、自己成長するためのインプットは欠かせません。**

　「読書をし、その内容を実行する」を3ヶ月間続けるだけで、自己成長を実感し、仕事が楽しくなるでしょう。

## アウトプット型仕事にシフトする

　「仕事が楽しくない」という人の多くは、「インプット型仕事」をしているはずです。

　インプット型仕事とは、言われたことを言われた通りにやること。受け身型なので、「やらされ感」も強く、自分で

アレンジする余地がないので単調でつまらない。モチベーションが上がらず、楽しくないのは当然です。

「アウトプット型仕事」とは、自分で考え、自分でアレンジし、自分から行動する自発的な仕事のやり方です。

会社で「決まった仕事」をやらされていたとしても、そこに創意、工夫を盛り込めば、アウトプット型仕事になります。

**インプット型仕事は、つまらないし、苦しい。**

**一方、アウトプット型仕事は、楽しく、やりがいがあるので、自然にモチベーションが上がり、結果もついてくるのです。**

これからの10年で大きくAI（人工知能）時代に突入します。

AIとAIを搭載したロボットがほとんどの単純作業を行うようになるでしょう。

つまり、「言われたことをただやるだけの人」「インプット型仕事しかできない人」は不要になるのです。将来、仕事がなくなるかもしれません。

発想、創造性、ひらめき、0を1にする能力を磨くことに注力しましょう。これらは全て「アウトプット型仕事」の重要な要素です。

「アウトプット型仕事」のやり方は、誰も教えてくれないので、自分で学ぶ必要があります。

## 心理状態とモチベーション

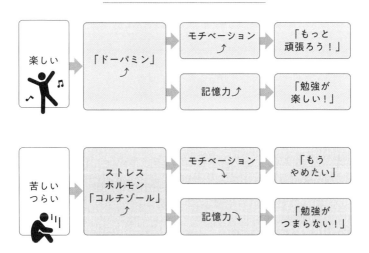

## インプット型仕事とアウトプット型仕事

| インプット型仕事 | アウトプット型仕事 |
| --- | --- |
| 受動的 | 能動的 |
| やらされている | 自ら行う |
| 指示を待つ | 主体性がある |
| 人から動かされる | クリエイティブ |
| 前例重視 | 人を動かす |
| コツコツ | チャレンジ |
| 情報を受け取る | 情報を発信する |
| 教えられる | 人に教える |

リラックスした環境の中に身を置く

# 「アイデア出し」 の最適化

アイデアを出すのが苦手だという人は、アイデアが
豊富な人を見て、「感性が違うんですよ」と言いますが、
実は「アイデア出し」にはコツがあるのです。
そのコツを知るだけで感性の有無にかかわらず、
あなたもアイデアマンになれるでしょう。

## ひらめいたら30秒以内にメモする

「アイデアが出ない」と多くの人は言いますが、実は私たちの脳では1日で膨大な数の「ひらめき」を得ているのです。

ひらめきとは、脳の神経細胞の発火。いうなれば、「花火」のようなもので、発火した直後は明瞭ですが、30秒もすると曖昧になり、3分もすると忘れてしまいます。

だから「ひらめいた！」「よいアイデアが出た！」と思った瞬間にメモをとることが重要です。

**「これおもしろい！」「これ使えそう！」というものがあれば、30秒以内にメモをする習慣を身につけましょう。**

アイデアが浮かんだときは、「おもしろい、おもしろくない」という判断はせず、ただメモをするだけでいいのです。

## 創造性の4Bで「ボーッとする」

アイデアが出やすい場所というのがあります。

それは、「創造性の4B」といわれるBathroom（入浴中、トイレ）、Bus（バス、移動中）、Bed（寝ているとき、寝る前、起きたとき）、Bar（お酒を飲んでいるとき）の4つです。

この4つの場所での共通点は、「何もしていない」「リラックスしている」ということ。

つまり、必死にアイデアを絞り出そうとするのではなく、**ボーッとしているときに、意外とよい発想は生まれるということです。**

アメリカのアルビオン大学の研究では、疲れているときの方が創造力のエネルギーが20%増えているという結果が出ました。

アーティストやテレビ業界の人は、夜中にアイデアが出やすいといいますが、それも疲れているときだと思います。疲れると脳の「論理的縛り」が外れ、「常識」や「こうあるべきだ」から外れた、奔放で自由なアイデアが生まれやすくなるのです。

また、「発想力」「創造性」の源となる脳内物質アセチルコ

リンは、昼よりも夜に活発化します。

　だから昼に会議室でアイデア出しをしても、ちっともよいアイデアが出ないのは当然なのです。

> アイデアが孵化するのを待つ

　では、会議室でのアイデア出し、日中、担当者が集まってのブレインストーミングには、意味がないのでしょうか。

　いいえ、そんなことはありません。

　脳がひらめくためには、材料が必要です。材料がないのにおいしい料理はつくれません。

　だから、脳の中に、「ひらめき」の材料を入れる作業、それがブレインストーミングです。

　次に必要となるのは時間です。最近、「熟成肉」「熟成寿司」が流行っていますが、**アイデアにも熟成が必要なことが、最近の研究でわかっています。**

　脳の中に「ひらめき」の材料を入れて、数日、場合によっては数週間放置する。すると、「創造性の4B」にいるときに、突然、素晴らしいアイデアがひらめきます。

　これを「インキュベーション（孵化）」といいます。

　卵を親鳥が温めて、卵から雛が孵化するイメージ。このようにすることで、ちょっとしたひらめきが、大きな企画になるのです。

## 失敗しないためには徹底的な準備が必須
# 「プレゼンテーション」
## の最適化

人前で発表する「プレゼンテーション」は、
社会人にとって必須のスキルといえますが、
私の調べでは、8割の人が
「人前で話すのが苦手」という結果が出ました。
「人前で話すのが得意」な人は、わずか1割です。
その克服方法をお伝えします。

### プレゼンの準備は6対3対1

　プレゼンでは、成功か失敗かが一目瞭然なので、多くの人は緊張します。

　私も今まで1000人以上のプレゼンを見てきましたが、「プレゼンが下手な人」「プレゼンで失敗する人」の共通点は、「話す練習をしていない」ということです。

　話す練習とは、スライドをスクリーンに投影しながら本番さながらに、観客、聴衆がいる雰囲気で実際にプレゼンしてみる。あるいは、実際に声に出して原稿を読み上げる練習です。

　しかし、ほとんどの人は、力を入れるべきポイントを間違えています。完璧な「スライド」や「資料」をつくろうとして、プレゼン本番の30分前までパワーポイントを修正している人もよくいますが、そんな時間があるのなら、「原稿を読む」練習をするべきです。

　結局、完成原稿は数回しか読まないか、最悪「黙読して終わり」という人もいるはずです。

　ベストは、プレゼン本番の2日前には、スライドや資料は完成させて、残りの2日間で「発表の練習」「発声、話す練習」をしましょう。あるいは、どこを強調して話すのか、どこでどんなゼスチャーを入れるのかなど細部にもこだわることです。

　**プレゼンの準備は、6対3対1。スライド、資料づくりが6。予行演習、読む練習が3、質疑応答対策が1の割合を意識しましょう。** 多くの人は、9対0.5対0.5。良くて8対1対1くらいです。

　プレゼンは、「準備」が全てです。時間はあるわけですから、周到に準備さえすれば、必ず成功します。

> 予行演習は最低でも3回

　プレゼンの前に予行演習は絶対に必要です。

　予行演習の中でも、観客を入れて、スライドをスクリー

ンに投影しての本番さながらの予行演習は必須です。これをしていない人が実に多いのです。

社外のコンペのような、本当に重要なプレゼンでは、事前に社内での予行演習がある場合が多いと思います。

仮になかったとしても上司や先輩に協力してもらい、完成させたプレゼンをチェックしてもらいましょう。

重要なのは、そこで徹底的にダメ出ししてもらうことです。フィードバックをもらい、それを全て修正、改善して本番にのぞめば、プレゼンの出来は20〜30%ほどアップするでしょう。

これらの**チェックを最低でも3回行うと、間違いなく大きな失敗はなくなります。**

大事なプレゼンであれば、あるほど予行演習をしっかりしておくことです。

## 10 - 30 - 100の法則　完璧なＱ＆Ａ集をつくる

プレゼンで最も緊張するのは、「質疑応答」でしょう。

プレゼンに関しては、スライドをつくり込み、話す練習を何度もし、自分が納得いくまで繰り返す。

さらに予行演習を数回して上司や先輩の意見を反映させるとほぼ完璧に準備することができます。

しかし、質疑応答に関しては、どんな質問が出るかわかりません。時に、わざと発表者を困らせるいやらしい質問

をする人もいます。

　質疑応答の対策としては、「Q&A集」「想定問答集」をつくり込むことです。

　だいたいの質問は予想できますから、「予想される質問」と「その答え」をできるだけたくさん準備しておきます。

　そこで目安となるのが、「10-30-100の法則」です。

**最低10問、30問で一安心。それでも心配な場合は、100問つくるといいのです。**

　自分だけではそれだけ多くの質問が思い浮かばない場合は、上司や先輩に協力してもらい、いろいろな角度から質問を徹底的に出してもらいましょう。

　**重要な点は、「Q&A集」の答えは、必ず文章で書いておくことです。** そして暗記するほど何度も声に出して読み返しておくことも忘れてはいけません。

　「質疑応答」の最大のコツは、堂々とした態度で対応することです。もし、わからない質問が出たとしても、不安を微塵（みじん）も表情に出さずに平然と対応すれば、見ている側はあなたの動揺に気づかないものです。

　そのためにも想定される質問は、様々な視点から考えておくことが大切なのです。

　プレゼンは、準備が9割。上記の準備をしっかりとしておけば、本番では準備しただけの実力は発揮できます。

# 「緊張」
## の最適化

「緊張したことがない」という人はいないでしょう。
しかし緊張する人の中でも失敗する人と
成功する人に分かれます。一体、何が違うのでしょうか。
緊張に負けない方法をみてみましょう。

### 「ワクワクする！」と口に出す

　多くの人は、「緊張するとパフォーマンスが下がる」と思っていますが、それは脳科学的に間違いです。

　適度な緊張によって、集中力を高め、脳を研ぎ澄ます脳内物質、ノルアドレナリンが分泌されるので実は私たちのパフォーマンスを高めるのです。

　つまり、緊張は私たちの「敵」ではなく「味方」なのです。

　だから「緊張してきた」＝「パフォーマンスが高まってきた」ということで、喜びましょう。

　そこで、**「緊張してきた」場合は、「ワクワクする！」「ワクワクしてきた！」と言ってください。**言語情報は、緊張の発生源である「扁桃体」を鎮静します。この時、絶対に「緊

張してきた」と言ってはいけません。

　ある研究によると、カラオケの前に「ワクワクする！」と言うと得点が15％上がり、「緊張する」と言うと得点が5％下がりました。

　つまり、言葉を換えるだけで、パフォーマンスは20％も変わるのです。

　「緊張してきた」と言うほど、自らの緊張に注目してしまい、余計に緊張を高めるのです。

　おまじない的な言葉は、実際に効果があるのです。

　緊張したら、「ワクワクする！」を口ぐせにしてください。

### 15秒間、背筋をピンと伸ばす

　「緊張は味方」とはいえ、過度に緊張すると「頭が真っ白になる」「手や足が震える」などの症状が出てパフォーマンスを下げます。

　**過度の緊張を防ぐ最も簡単で最も効果のある方法は、「姿勢を正す」ことです。**緊張している人は、ほとんどの場合「猫背」「前かがみ」になります。

　頭の天辺（てっぺん）から糸でひっぱられたように、ピンと背筋を伸ばす。顎と視線を正面に向ける。

　たったこれだけで、緊張をコントロールする脳内物質セロトニンが活性化します。

　なぜならば、セロトニンと姿勢は連動しているからです。

15秒でいいので、姿勢をピンと伸ばすと落ち着いてきます。

人前で話す前、試験の開始前など「緊張してきた」と思ったら、「姿勢を正す」ことだけを考えましょう。

> 20秒深呼吸を3回繰り返す

深呼吸をするとリラックスの神経（副交感神経）にスイッチが入ります。正しい深呼吸をすれば、緊張はコントロールされますが、ほとんどの人は間違った深呼吸をしています。

5秒で大きく息を吸って、5秒で大きく息を吐く。この呼吸だと呼気の時間が短いので、むしろ交感神経にスイッチが入る。つまり、緊張を強めて逆効果となります。

**3〜5秒で鼻から息を吸い**（お腹をふくらませる）、**15秒以上かけて、同じペースでゆっくりと口から息を吐きます**（お腹と背中がくっつくイメージ）。

かなり息が苦しいですが、肺の空気を全て出し切るイメージです。この20秒深呼吸を3回繰り返す。もちろん、姿勢を正した状態で行ってください。

たったの1分で緊張がリラックスに変わります。最初は時計の秒針を見ながら練習するといいでしょう。

## 活用次第で有益にも有害にもなる

# 「スマホ」
## の最適化

スマホの使いすぎで「スマホ脳」に陥り、集中力や
仕事のパフォーマンスを下げている人がたくさんいます。
スマホを上手に使う方法をお伝えします。

### スマホの使用は１日２時間以下

　スマホを長時間使うと心と身体に極めて大きな悪影響を
引き起こします。主なマイナス面は以下の6つです。

**❶** 1日2時間以上使うと、うつ病のリスクを高め、5時間以
上使用すると自殺のリスクを高める

**❷** 長時間の使用で「脳疲労」が進み、集中力、記憶力が低
下。ミスや物忘れが多発するスマホ認知症に陥る

**❸** 夜間のスマホ使用（ブルーライト）が睡眠障害、昼夜逆
転の原因となる

**❹** SNSを長時間使うほど幸福度は低下する

**❺** スマホ首（ストレートネック）、眼精疲労が起こり、肩こ
り、頭痛、吐き気などを引き起こす

**6** 長時間の使用でスマホ依存症に陥り、スマホを使い続けないと不安な状態になる。仕事、勉強にも支障をきたす

スマホは便利で楽しく私たちの生活に欠かせないツールだと思っているでしょうが、長時間の使用は、私たちの心と身体をズタズタにします。

はっきり言うと、スマホを長時間使えば使うほど不幸になるのです。

本書に書かれている「健康になる」「パフォーマンスを高める」ための最適化ノウハウをいくら試しても、「スマホの長時間使用」で全てが台無しになります。

**スマホの適正な使用時間ですが、「1日2時間以下」を目標にするとよいでしょう。**

2時間というのは、「スマホを充電しないで使える時間」です。

つまり、外出するときに、スマホの充電器や充電ケーブルを持ち歩かなければ、強制的にスマホ時間を制限することが可能です。仕事の電話、メッセージでスマホが必要だという方は、制限時間を設定できる「スクリーンタイム」のようなアプリを使うと便利です。

毎日のスマホ時間をチェックするだけで、「こんなにスマホを使っているのか」と意識できるので、スマホ時間の削減には効果的です。

## スマホは手の届くところに置かない

アメリカのシカゴ大学の研究によると、スマホが「机の上に載っているとき」と「別の部屋においているとき」とでは、前者の方がワーキングメモリ（脳の作業領域）や集中力が10％、流動性知能が6％も低下したという研究結果があります。

「ポケット、カバンの中に入れていた」グループも同様に、ワーキングメモリや集中力が低下しました。

スマホが目に見えるところにあると、「ついスマホを見てしまう」ので、仕事から脱線する原因となります。

実際には10％どころか、猛烈に仕事効率を低下させているはずです。

またアメリカのミシガン州立大学の研究では、2.8秒のポップアップ画面が開くだけで作業スピードが半分以下に低下。4.4秒の場合は3分の1まで作業効率が下がったという結果が出ました。

**スマホの通知がオンになると、たびたび集中力が遮断されるので、極めて作業効率が下がります。**

あなたが高いパフォーマンスを発揮したいのであれば、まずは通知をオフにする。そして、スマホは会社のロッカーに入れる。手の届かないところにスマホを置くのが一番です。

## やってはいけないスマホの使い方

**❶ 休憩時間にスマホを見る**

休憩時間は、脳と目を休めることが重要です。

脳と目を酷使するスマホは、全く休憩にならないどころか、さらに休憩後の仕事のパフォーマンスを下げています。

**❷ 無目的にスマホを使う**

「地図を見る」「写真を撮る」などの目的を持ってスマホを使うのはいいのですが、「何かおもしろいことはないかな？」と無目的にスマホをさわるのはNGです。

無限のスマホ沼にハマる可能性があります。

**❸ 寝る前30分にスマホを使う**

スマホのブルーライトは、脳を覚醒させます。「ベッドの中でスマホを使う」のは、寝る前にコーヒーを飲むようなものです。

**❹ 食事中にスマホを使う**

食事中のスマホ利用は相手に対して失礼です。

「あなたよりもスマホが大切」という非言語的なサインを送っているのです。これでは人間関係が破綻します。食事のときはきちんと相手を見て会話しましょう。

**5** 歩きスマホをする

「歩きスマホ」は危険です。いずれケガをするでしょう。

通勤時間に「早歩き」するだけで、最低運動時間である「1日20分の運動」をクリアできるので、運動だと思い、歩くことに集中しましょう。そうすれば危険を回避でき、さらに健康になれるのです。

**6** 電車の中でスマホを使う

電車の中では、ほとんどの人がスマホを使っています。

電車では、「15分の集中したスキマ時間」を有効活用できる極めて有益な自己投資の時間です。

通勤時間のスマホを「読書」に変えるだけで人生が変わります。

**7** インプットのためだけにスマホを使う

ほとんどの人は、インプットの目的でスマホを使いますが、使わない情報をどれだけ集めても99％忘れるので時間のムダです。

私は「アウトプット」、つまり**情報発信の目的でスマホを使っています。**Facebook、Twitterの投稿、YouTubeでライブをする。スマホにおいても、インプット・アウトプット比も3対7を意識すると、スマホも有効利用できます。

# 「自宅仕事」
## の最適化（環境編）

コロナ禍以後、テレワークが急速に普及しました。
自宅で漫然と仕事をしていては、集中力が散漫になりやすく
効率は下がります。そこで自宅仕事で集中力を高め、
最適化する方法をお伝えしましょう。

### 自宅での仕事場所を決める

　まず、家の中で「自分の仕事場所」を決めることが重要
です。自分の書斎があればいいのですが、リビングの一角
で仕事をしている人も少なくないでしょう。そうなると、
「仕事」モードと「休憩・遊び」モードの切り替えができな
くなり、ついダラダラしてしまいます。

　「食卓の奥の席」をあなたの「仕事場」と決めたら、そこ
に座った瞬間から仕事モードに入るよう意識します。休憩
する場合は、そこから立ち上がって、ソファーなどに移動
しましょう。
　**「仕事」か「休憩・遊び」かを場所によって明確に決めると、**

仕事モードに入りやすく、休憩時のリラックス効果も高まります。

　また、その場所にいるときは、仕事中ということを家族にも周知し、仕事中はできるだけ話しかけないようにしてもらいましょう。

　仕事の席から離れたときは、休憩時間ということで、家族とのコミュニケーションを楽しみます。事前にこのルール決めを話し合っておけば、最も集中力が高まっているときに、話しかけられてペースを乱されることもなくなります。

　また、リビングで仕事をする場合は、「ついたて」を1つ置くだけで全く雰囲気が変わります。ついたてのこちら側は仕事場、向こう側は家族とのコミュニティスペースといったように区分けするとよいでしょう。

　会社のパーテーションもそうですが、ついたて1つで、心理的な切り替えに想像以上の大きな効果を発揮します。

### 不可侵時間を決める

　あなたが「仕事中は集中しているので、不用意に話しかけないで欲しい」と思っているのと同様に、あなたのパートナーも「家事に集中しているときに余計な仕事を増やさないで欲しい」と思っているはずです。

　午前中は、「仕事のコアタイム」であると同時に、パート

ナーにとっても「家事のコアタイム」なのです。

そこで、「10〜12時までは不可侵時間」と2人で決めてお
き、緊急の用事以外は話しかけないようにしましょう。

昼食は仲良くおしゃべりしながら、一緒にとればいいの
です。

私も家で仕事をすることが多いのですが、妻とは「仕事
中は話しかけない。用事は、Facebookメッセージで送り合
う」というルールを設定しています。だから非常に快適で
集中して仕事ができます。

「 集 中 空 間 ・ 時 間 」を 意 識 的 に つ く る

「宅配便が1日に何件も来て集中力が乱される」という人
もいるでしょう。

集中できる空間は、意識的につくらないといけません。

たとえば、**宅配便の場合、注文するときに「月曜」と「木曜」
に配送を指定して、まとめて受け取る。それ以外の日は、
ドアベルをオフにする。**そうした工夫をしないと、1日に
何度も宅配便が届いて、ピンポン攻撃によって集中力が妨
げられます。

自分で集中力を高められるような集中空間・時間を意識
的につくることが大切です。

第 **5** 章

# 「 学 習 」の 最 適 化

# 2週間に3回は発信する
# 「アウトプット」
# の最適化

人生を変えるために最も重要なこと、
それは「アウトプット」です。アウトプットについては、
拙著『アウトプット大全』でまるごと一冊、
詳しく解説していますが、
その中から最も重要なエッセンスを3つお伝えします。

## 3つのタスクのサイクルを回す

インプットとは、「読む」「聞く」「見る」。一方、アウトプットとは、「話す」「書く」「行動する」です。

インプットとは、脳内の情報量を増やすこと。

たとえば、本を1冊読んで、その内容を誰にも話さない、何も書かない、内容を行動に移さないとするならば、あなたの現実は変わるでしょうか。

あなたは、「多少賢くなった」と思うでしょうが、**アウトプットしないとすぐに忘れてしまう**ので、現実は何も変わりません。単なる「自己満足」だけです。

アウトプットすることで、記憶に残り、身につき、自己成長する。そして、「行動する」ことで、初めて現実が変わります。

その後の「フィードバック」も忘れてはいけません。

フィードバックとは、得られたアウトプットに対して、問題点、修正点、改善点を見いだし、次のインプットにつなげていくことです。

フィードバックがないと、同じ過ち、失敗を何度も繰り返す羽目になります。

**インプット→アウトプット→フィードバック、そしてまたインプット。**

このサイクルを回すことによって、らせん階段を上るように、どんどん自己成長していくのです。

> インプット、アウトプットの黄金比は3対7

一生懸命勉強しているのに成績が上がらない。仕事で頑張っているのに評価されない。そうした人のほとんどは、インプット過剰のアウトプット不足です。

詰め込み型の学習に慣れた人たちは、我武者羅にインプットすれば、成績が上がる、仕事で評価されると思っていますが、これは完全に間違いです。

**アウトプットなくして、自己成長はありません。**また、あ

241

なたが陰でものすごく頑張っていても、「話す」「書く」「行動する」というアウトプットによって、あなたの脳内を「見える化」しない限り、他人から評価されることはないでしょう。

アメリカのコロンビア大学の心理学者アーサー・ゲイツ博士の研究で、100人以上の子供たちに、「紳士録（人名年鑑）」に書かれたプロフィールを覚えて暗唱するように指示しました。

各グループで「覚える時間（インプット時間）」と「練習する時間（アウトプット時間）」の割合を変えて実験したところ、「覚える時間」に約30％の時間を費やしたグループが高得点をとりました。

つまり、インプットとアウトプットの黄金比は、3対7ということです。

また大学生を対象にした別の調査では、学生のインプットとアウトプットの時間を調べたところ、その比率は7対3になりました。大学生の学習効率は非常に悪かったということです。

つまり、黄金比とは真逆の結果となったのです。

**インプットとアウトプットの比率が変われば、同じ時間勉強したとしても、得られる効果が全く異なるのです。**

あなたも、まずは自分の比率を見直してみましょう。

ちなみに、受験や資格試験の勉強の場合、「教科書を読む」はインプットで、「問題集を解く」「模擬試験を受ける」「人

に教える」はアウトプットです。

　脳の仕組みを無視して必死に勉強しても、記憶の効果はあがりません。

　2週間で3回アウトプットする。これが、「記憶の原則」と思ってください。

　脳に入力された情報は、2〜4週間、大脳辺縁系の「海馬」に一時保存されます。その後、海馬は「重要な情報」を長期記憶できる側頭葉に移し、「重要でない情報」は忘れます。

　海馬は仮保存期間中に「何度も使われる情報が重要」、「それ以外は重要でない」と判断します。「短期間に2、3回使われた情報は、今後も使われる可能性が高い」と海馬は判断するのです。

　だから本を読んでも、一度もアウトプットしなければ、海馬はその情報を重要でないと判断し、忘れるだけです。

　ほとんどの人は、読書をしてもアウトプットしないので、ただ忘れるために読書をしているようなもの。**記憶に残したいことがあれば、必ず2週間に3回はアウトプットしましょう。**

　読書の場合、感想を「友人に話す」「家族に話す」「文章にまとめる」で、3回のアウトプットになります。

### 適度な有酸素運動がキーワード

# 「記憶」
# の最適化

「もっと自分の記憶力がよければ……」と思う人も
多いでしょうが、「記憶力が悪い」と思っている人は、
単に正しい記憶術を知らないだけかもしれません。
また、記憶力に自信がない人でも
記憶力を著しく高める方法があります。

## 「話す」「書く」で記憶を定着させる

「アウトプット」の最適化（P240）で、2週間で3回アウトプットすると記憶に残るとお伝えしました。これは人間の脳の「記憶の原則」なので、よく覚えておいてください。

アウトプットとは、「話す」「書く」です。試験勉強の場合、覚えたいことは必ず書くようにしてください。

たとえば単語帳の「おもしろい」を英訳する場合、「インタレスティング」と頭の中でさらっても、あるいは声に出して発音しても、実際に試験のときに「interesting」という綴りを間違ってしまう場合があります。

だから、試験勉強の記憶では書く練習が必須です。**書くことで、「覚えているかどうかの確認」と「さらに記憶を強化する」の両方の作業ができるのです。**

書くことは、「声にも出さず、頭の中でさらう」「話す」よりもはるかに記憶を強化します。

また書くことで、脳の注意の司令塔であるRAS（脳幹網様体賦活系）を活性化させ、「これは重要な情報」という指令を脳内に行き渡らせ、記憶を強化させるのです。

## 寝る前15分「記憶のゴールデンタイム」

「就寝直前」の最適化（P200）にも書きましたが、1日の中で記憶力が最も高い時間帯は、「記憶のゴールデンタイム」と呼ばれる寝る前15分です。

就寝前に洗顔や歯磨きなどを済ませてから、暗記したい項目を15分で暗記していきます。その後、他のことをせず、そのまま布団に入って寝てください。次の日の朝、記憶したものがありありと蘇ります。

**寝る直前の記憶は、「記憶の衝突」が起こらないので、入力された情報がそのままコピーされるように脳に記憶されるのです。**

人間の脳は、睡眠中に記憶を整理して記憶を定着させるのですが、余計な情報が間にはさまれると重要な情報がき

ちんと記憶されません。しかし寝る直前に入力された情報は、整理する必要がなく、そのまま記憶されるので、情報の混乱がありません。

一番いけない勉強法は、「今日は勉強を頑張った」ということで、寝る前30分にゲームやスマホをすることです。

せっかく脳に入力された記憶を雑然とした情報とごちゃ混ぜにすると、時間をかけた勉強が台無しになります。

### 運動中、運動後は「記憶の強化タイム」

「自分はもともと記憶力が悪い」と卑下する人は少なくありませんが、そんな人でもたった10分で記憶力を高める方法があります。

それが、有酸素運動です。有酸素運動を10分以上続けると、脳内でドーパミンやノルアドレナリンが分泌されます。

P209にも書いていますが、ドーパミン、ノルアドレナリンともに、記憶力増強作用があるので、適度な有酸素運動をしながらの学習は非常に効果的です。

マウスに迷路を抜けさせる実験では、ドーパミンを注射したマウスは、(道を記憶するので)早く抜けることができます。

筑波大学の研究では、10分間の低強度運動(ペダリング)の後、記憶力のテストをすると正解率がアップし、海馬の

歯状回（記憶に関連する部位）の活動が活発化しました。

**ヨガや太極拳のような軽い運動でも、記憶力アップの効果が期待されます。**中強度の運動ではより記憶力がアップしますが、あまりにも激しい運動は、記憶力を向上させない（ストレスが記憶を妨害する）ので、中強度が最も効果的と考えられます。

また、これらの記憶力増強物質は、運動中から分泌されるので、ウォーキングマシンで歩きながら単語帳で記憶するというのも効果的です。

運動中、運動後の「記憶の強化タイム」を上手に利用しましょう。

睡眠6時間以上で記憶は定着する

睡眠時間を削って勉強したり、徹夜で勉強したりする人も多いでしょう。

しかし、**勉強した内容は「6時間以上の睡眠」をとらないと記憶として定着しないので注意してください。**

人間は、睡眠中に入力された情報の整理を行っていますが、睡眠時間が足りないと、整理する時間が足りなくなり、記憶として定着しません。それでは、せっかくの勉強がムダになります。記憶定着のためにも6時間以上の睡眠は欠かせないのです。

集中力、注意力を高める

# 「インプット」の最適化

インプットは、料理でいえば「食材」のようなもの。
「よい食材」があれば、よいアウトプット（おいしい料理）
ができる。インプットの質と量を改善することが、
結果として良質なアウトプットにつながります。

## インプット最適化はアウトプットがカギ

「インプット→アウトプット→フィードバックのサイクルを回すことで記憶に残り、自己成長が加速する」

「アウトプット」の最適化（P240）で、このように述べましたが、極めて重要なポイントなので補足します。

インプットだけして、アウトプットしないと、1ヶ月間はなんとか覚えていますが、3ヶ月、6ヶ月経つと、ほとんど忘れてしまいます。

このせいで「自分は記憶力が悪い」と思う人が多いのですが、それは単にアウトプットをしていないだけです。

**インプットとアウトプットは表裏一体。**「インプットした

ら必ずアウトプットする」を習慣にしてください。

　つまり、インプットの最適化にはアウトプットが必須なのです。

　アウトプットの実践には、SNSが便利です。

　本を読んだら、SNSに感想を書く。映画を観たら、SNSに感想を書く。すでに「やっている」という人も多いでしょうが、これなら誰でも簡単にできるでしょう。

　感想といっても、3〜5行くらいでOK。5行の感想を書くために、全体を思い出す作業に入るので、それだけでも脳は活性化します。

## 「ザル聞き」を防ぐ

　患者さんに診断や薬の説明を5分ほどします。終わった後に、「今言ったことを覚えている範囲で復唱してください」と言うと、ほとんどの患者さんは無言になります。真剣に聞いているのに、ほとんど記憶に残っていないのです。

　これを私は、「ザル聞き」と呼びます。

　「ザル聞き」こそが、コミュニケーション不全の根源であり、仕事のミスやトラブルの原因なのです。

　あなたが部下に、5分で仕事の指示を出します。話が終わった後、部下に「今言ったことを繰り返してみて」と言いましょう。

10個のポイントがあったとしたら、7つか8つしか言えないはずです。

部下は、聞いた（と思った）ことを頑張って100%返答したつもりでも、3つくらいのポイントが抜けています。

それで上司が怒ったら、部下がかわいそうというもの。

原因は、たいてい「ザル聞き」なのですから。部下が怠けていたわけではありません。

それでは「ザル聞き」を防ぐためには、どうしたらよいのでしょうか。

それは、**メモをとりながら話を聞くことです。**

ポイントとなる点は、全て聞き漏らさないという気持ち。それだけで集中力は高まります。

メモを持っていないときや廊下で指示を出されたような場合は、話が終わった直後に今聞いた話をメモしてください。人間の記憶は極めて脆弱です。聞いた直後から忘却ははじまります。それを防ぐには、アウトプットしかないのです。

また上司としては、指示を出したら必ず「復唱」させましょう。「今言ったことを言ってみて」とチェックすると100%復唱できる人が少なくて驚くでしょう。

また「今言ったポイントをメールで送っておいて」と言うのもよいでしょう。そうすれば部下は強制的にメモする

ことになりますから。

アウトプット前提

「ザル聞き」は、なぜ起きるのでしょうか。

それは、ほとんどの人は日常生活の中で漫然と話を聞いているからです。集中して聞いているつもりでも、注意や集中の手がかりがなければ、左から右へと情報は脳の中を素通りするのです。

では、集中力、注意力を上げるにはどうすればいいのでしょうか。

**ザル聞きをさせない方法は、「アウトプット前提」で話を聞かせることです。**

会議で上司から「終わった後、議事録を提出して」と言われると、いつも居眠りしているあなたも「議事録を書かなければ……」と、必死に会議の内容を聞き、メモをとるはずです。

「後でアウトプットしなければならない」(アウトプット前提)という状況が緊迫感を生み、集中力を高めます。

緊張したときに出る脳内物質は、ノルアドレナリンです。ノルアドレナリンが出ると集中力、記憶力が高まります。

適度な緊張で話を聞くことで、「ザル聞き」はかなり減らせるのです。

# 自分に必要な本を深読して読解力を高める

# 「読書」 の最適化

最も気軽にできる「インプット」や「学び」
といえば読書です。しかしながら、
読書が苦手な人、本を読むのが遅い人にとっては、
「本を1冊読む」のもハードルが高いでしょう。
読書において最も重要なポイントをお伝えします。

## 9割の「悩み」は本で解決する

私のもとには、毎日、20〜30件もの質問が寄せられます。しかしながら、そのうちの9割は、すでに出版された私の本の中でお答えしていることです。

ほとんどの人は、本を読めばわかることを、何ヶ月、何年も悩み続けています。

逆にいえば、世の中の悩みのほとんどは、本を読めば、解決法、対処法がわかるということです。解決法がわかっても、すぐに問題が解決できるとは限りませんが、方向性、道筋が示されるので、「どうしていいかわからない」という不安や心配は、ほとんど解消することができるでしょう。

できる範囲で本に書かれた解決法や対処法を1つずつ実行していけば、いきなり解決できないにしても、今より状況は好転します。

　**本で解決法を知る→実践する→フィードバック（修正する）のサイクルを回すことで、世の中のほとんどの悩みは解決できます。**
　その悩み解決の第一歩が、「読書」なのです。
　「本を読めば悩みは解決できる」ということを、まず知ってください。

　　　　　　　自分に必要な本を1冊選ぶ

　「速読を学びたい」という人は多いのですが、私は「速く読む」よりも「深く読む」方がはるかに大切だと思います。
　また、「たくさん本を読むと、自己成長が速い」と思っている人も多いようですが、つまらない本を10冊読むよりも、自分にとって本当に必要な内容の濃い本を1冊読んだ方が、自己成長は大きくなります。
　そのためには、本の選び方が重要です。

　「自分はどんなことで悩んでいるのか?」
　「自分のどんな苦手を克服したいのか?」
　「自分が知りたいことは何か?」

これらを考え、本を読む「目的」がしっかり定まると、適切な本を選べるようになります。

あなたの自己成長を加速させるのは、多読ではなく、1冊の今の自分に必要な本を深く読むことです。

まずは、その1冊を選びましょう。

> 「3つの気づき」「3つのTO DO」を書く

本を読んだら、感想を書きましょう。

「感想を書こう」といっても、文章で読書感想をまとめるのは簡単ではありません。

そこで私は**もっと簡単な読書アウトプット「3つの気づき」と「3つのTO DO」を書くこと**をお勧めしています。

・本を読んで「ハッとしたこと」「今まで知らなかったこと」「心を動かされたこと」などが気づき

・「これ、実践しよう」「これ、今日から取り入れよう」というのがTO DO（すべきこと）

「3つの気づき」と「3つのTO DO」を各1行、計6行書きます。5分もあればできるでしょう。

これも書けないという人は、「3つの名言」をピックアップします。その本の中で、最も心に響いた一文（名言）。それを3つ選んで書き写す。これだと文章を書くのが苦手な

人でもできるはずです。

　本はただ読んだだけでは、簡単に忘れてしまいますが、書き出すことで、何ヶ月、あるいは何年もその本の内容をありありと覚えていられるようになるのです。

速読よりも深読

　最初から「速読、多読」を目指すのではなく、まずは1冊、1冊をしっかり読んで、きちんと「3つの気づき」「3つのTODO」「3つの名言」を書き出していきます。

　**さらに私は、人に説明できるくらい深く読む「深読」をお勧めしています。**

　「深読で月1冊読む」を目標にして、しっかり内容を把握することが重要です。本を読み終わったら、本の内容を友人や家族に説明して教えてあげてください。

　このときうまく説明できなければ、まだ本の内容が頭の中で整理されていません。うまく整理されるようになったら次に感想文を書きましょう。最初は数行からスタートして、徐々に長く書いていくうちに、読解力も文章力も成長していくはずです。

　しっかりと内容を表現できるようになってはじめて、速く本を読む努力をすればいいのです。

# 朝と夜の学習内容を変える
# 「資格試験」の最適化

試験に合格するには、コツがあります。
昔から勉強が苦手な人は、最短時間で
最大の結果を出せる「試験のコツ」を知らないので、
時間をかけるわりには、結果が出ないのです。
以下の3つの最適化ポイントを押さえるだけで、
あなたの合格率は大きく跳ね上がるでしょう。

## 朝30分の勉強時間

　資格試験、昇進試験、あるいはTOEICなどの語学試験の勉強をしている人は結構います。私がよく行く、シェアスペースでも、4人に1人は資格試験の勉強をしているほどです。

　忙しいサラリーマンにとって、資格試験の勉強をいつやるのかはとても大切なことでしょう。

　一番やってはいけないのは、帰宅後すぐです。会社で脳と身体が疲れきった状態で気力を振り絞り、机にかじりついても、集中力が下がっているため、極めて効率が悪いのです。

**「資格試験」の勉強に一番いいのは朝です。**

P144にも書きましたが、朝は脳が生き生きとした状態で最も集中力が高く、理解力も極めて高いのです。朝30分の勉強は、帰宅後(夜)の勉強の90分に匹敵します。

夜は脳が疲れているので、「新しい事柄」「難しい概念」の理解は困難です。

**朝に向く勉強は、「理解」「整理」といった以下のインプット中心の学習です。**

　・教科書を読んで、難しい内容を理解する
　・それをノートに整理する
　・暗記のための単語帳に書き写す

朝、30分早く家を出て、会社のそばのカフェで勉強をするのもいいでしょう。「30分限定」と時間を決めることで、制限時間仕事術になり、さらに集中力が高まります。

> スキマ時間15分で暗記

暗記は、「電車の中」などのスキマ時間を使いましょう。そのために「単語帳」や「まとめノート」のような携帯できる暗記グッズに記憶すべきこと、ポイントを転記しておきます。

朝の通勤時間や昼休み、夜の電車の中など15分程度のスキマ時間を活用するといいのです。3回アウトプットすると記憶に定着しやすいので、1日の中で単語帳を3回チェックすると記憶の効率は最大化します。

夜に勉強したいという人は、問題集を解くといったアウトプット型の勉強が向いています。

## 過去問命! 5年分を暗記する

資格試験で最も重要なのは、「過去問」です。

試験で合格するには、過去に出題された問題を100%解けるようにしておくということは必須です。

しかし残念なことに、資格試験に落ちる人の多くは過去2年分くらいの問題しか解いていないのです。

最近の出題傾向をつかむという意味において、過去2年の問題は必須であることは間違いありませんが、さらに重要なのは3〜5年前の問題です。資格試験の出題は2年連続で同じ問題が出ることはまずありません。

しかし多くの資格試験はローテーションで出題される傾向があるため、過去3〜5年前に出題された問題がほとぼりが冷めたかのように出題されます。

だからこそ、過去問は5年分が必須なのです。

ちなみに私の場合は、完璧を期したいので、過去問は10年分やります。そうすると、3、4年ごとに同じ問題や似た問題がローテーションしていることが本当によくわかります。

　また、「過去問」を1回解いて終わりという人もいますが、それでは意味がありません。

　「同じ問題が出た場合、100％正解できるようにする」ことが、過去問対策です。

　過去問で間違えた問題は、1問1答形式にして「単語帳」に書き写します。それを使い100％正解できるまで、繰り返し暗記するのです。

**「過去問集」は、解くための「問題集」ではなく、「完全に暗記すべき教科書」という認識を持ちましょう。**

　教科書、テキストである程度勉強してから、「過去問」を解く人が多いのですが、逆です。資格試験の勉強をはじめる最初に、前年の過去問にまず目を通すべきです。

　「過去問」で、傾向、出題形式を把握して、重点項目を理解し、ムダを徹底排除してから、教科書、テキストでの勉強をはじめるといいのです。

　資格試験は、「過去問」にはじまり、「過去問」に終わる。

　過去10年分の過去問で満点をとれるようにしておけば、そうそう試験に落ちることはないでしょう。

「ちょいムズ」目標を掲げて記録する

# 「継続」の最適化

勉強、ダイエット、禁煙など、どんなことでも
継続するのは難しいものです。多くの人は、
途中で挫折しますが、逆に成功する人は継続が得意です。
小さなことでもコツコツ続けることができれば、大きな
自己成長、大きな結果、大きな成功につながるのです。

## 目標を低く設定する

多くの自己啓発本には、「大きな夢をもとう！」「大きな目標を設定しよう！」と書かれています。

そのせいで「目標は高く設定するとよい結果が得られる」と思っている人がいますが、それは完全に間違いです。

実際、あなたの「高い目標」は実現していますか。

ほとんどの人は、できていないはずです。

目標を達成できない大きな原因の一つは、目標が高すぎるということ。目標は高すぎると、現実とそのギャップがストレスになり、すぐに続けられなくなります。だから、

目標は低く設定すべきなのです。

　さらに**ドーパミンが分泌されると、継続のためのモチベーションが湧いてきますが、ドーパミンは目標が高すぎると分泌されません。**つまり、「高い目標」を設定すると、ドーパミンは分泌されず、継続できなくなるのです。

　ドーパミンは、「ちょいムズ」を好むので、継続のために効果的な目標は達成が少し難しいくらいのものがベストです。

　簡単すぎず、難しすぎない。何とか頑張れば今の自分の実力でも達成できる。それが、ちょいムズな目標です。

　朝散歩でいえば、「毎日15分する」という目標は高すぎます。「5分を週に2回する」くらいの目標からスタートすると、ドーパミンも分泌されて、継続しやすいでしょう。

### 継続の秘訣は記録すること

　継続するために絶対に必要なことがあります。

　それは、記録することです。

　記録しないと忘れます。「記録」＝「アウトプット」なので、P243で書いたように記録をすれば、記憶に残ります。記憶に残ると「常に意識する」ようになります。

　たとえば、朝散歩を「したか、しなかったか」「したなら、何分朝散歩をした」かを毎日記録してください。

　記録すると、「何日連続でやっているか」あるいは「何日連続でサボっているか」を正確に把握することができます。

　今日は、天気も悪いし、調子も悪いので「行きたくないな」と思っても、「今日行けば、1週間連続朝散歩になる！」と思えば、やる気も湧いてきます。

　**やらない日は「×」と記録する。そうすると罪悪感が出ます。**×が2つ続く。それを「見る」ことで、明日は「やらないと」という気持ちが湧いてくるのです。

　記録したものを視覚的に確認する「視覚化」も重要です。

　文章だけで理解するよりも、イラスト、図、グラフなどの視覚を併用することで6倍以上記憶に残るという研究結果があります。視覚化は、脳を6倍刺激するのです。

　たとえば、体重の変化をグラフで見て、ここ1週間で右肩上がりに1kg増加していると、誰でも「やばい！」となるわけです。それで「今日は、食事を制限しよう」と思います。

　記録し、視覚化して確認するだけで、圧倒的に「継続率」は高まります。

　ノート、手帳につけてもよいのですが、常に持ち歩くのもたいへんなのでスマホに記録するのが便利です。

　記録は「継続」のためにすごく重要なので、睡眠、運動、

朝散歩などの健康習慣を簡単に記録できるスマホアプリ「Dr.カバップ」などの「記録アプリ」を使うと、記録も簡単で「継続」が楽しくなります。

## 三日坊主を防ぐ、「3日ルール」

　目標を低めに設定して、結果を記録していく。それでも続けられない。三日坊主で終わってしまう人は少なくありません。

　そこで絶対に三日坊主にならない方法を考えました。

　**「2日連続でできなかった場合、3日目は必ず行う」という「3日ルール」を守ればいいのです。**

　「3日ルール」を守る限り、あなたの目標は、何ヶ月でも、何年でも続けることができます。

　たとえば、「5分の朝散歩をする」という目標の場合。月曜日は行けませんでした。火曜日も行けませんでした。

　今日は水曜日です。今日行かないと、「3日連続NG」で三日坊主になってしまう。

　だから、「3日目だけは必ず行こう！」と、今日だけは頑張る。毎日頑張ると疲れてしまいますが、「最低でも、3日に1回はやる」くらいの目標であれば、意外と長く続けられるのです。

第 **6** 章

# 「コミュニケーション」の最適化

## みんなと仲良くしようと思わない
# 「職場の人間関係」の最適化

「職場の人間関係」で悩んでいる人は非常に多く、またビジネスマンのストレスの9割は「人間関係」といわれています。逆にいえば「職場の人間関係」さえうまくいけば、毎日、楽しく仕事ができるということです。その人間関係をもっとシンプルに考えてみましょう。

### 実は職場の人間関係は重要ではない

職場にあなたを攻撃したり、嫌がらせをする「攻撃星人」が一人でもいると、ものすごく憂鬱な気分になるでしょう。

「職場の人間関係」は極めて重要だと考える人が多いのですが、実は、あなたの人生においてさほど重要ではないのです。

実際、私の交友関係をみると、「職場」で知り合ってから現在まで10年以上交友がある人は一人もいません。

「職場の人間関係」とは、「場」に関連づけられた、一時的で一過性の人間関係です。

仮にあなたが会社を辞めた場合、ストーカーのように追

いかけてくることはありません。

「攻撃星人」は、会社から一歩出れば、アカの他人です。

あなたが家に帰って、あるいは寝る前まで、今はいない「攻撃星人」のことで意識を奪われているとしたならば、あなた自身で「攻撃星人」を家に招き入れているのと同じです。

心理学の「対人関係療法」では、最も重要な人間関係は、家族や恋人、パートナーです。次に重要なのは、友人。一番重要度が低いのが職場の人と解釈されています。これを比率で表すと、5対3対2となります。

つまり、**家族や友人との人間関係が安定していれば、人間関係の8割は安定しているということです。**

そう考えれば、職場の人間関係が多少ガタガタしても、会社を辞める必要など全くないのです。

職場の人間関係に注意を奪われる暇があるのなら、家族や友人をもっと大切にしましょう。

そして、家族や友人と交流する時間を増やし、こうした癒やしの時間を通して、ストレスを発散すればいいのです。

あなたを誠心誠意サポートしてくれる家族や友人が数人いれば、多少職場の人間関係がこじれても、楽しく生活できるでしょう。

好意の1対2対7の法則

次のような、ユダヤ教の教えがあります。

「10人の人がいるとしたら、そのうちの1人はどんなことがあってもあなたを批判する。あなたを嫌ってくるし、こちらもその人のことを好きになれない。そして10人のうちの2人は、互いに全てを受け入れ合える親友になれる。残りの7人は、どちらでもない人々だ」

これは4000年前から伝わるユダヤ人の知恵ですが、私は、この教えを知る前から自分の経験に基づいて同じことをセミナーで話していました。

10人いたら、あなたを嫌う人は1人、あなたを好きな人は2人、どちらでもない人が残りの7人です。

あなたの会社や所属しているグループを見ても、ほぼこの割合ではないでしょうか。

重要なのは、**どこの職場、チーム、コミュニティに移動しても、「自分を嫌う人」「ソリの合わない人」は必ずいるということです。**

またよく観察すると、その2倍以上の味方、自分の応援者がいるのです。

これを私は、「好意の1対2対7の法則」と呼んでいます。

10人全てから嫌われることもなければ、10人全てから好

かれることもありません。

しかし不思議なことに、多くの人は、「みんなと仲良くしなければならない」と思い込んでいます。小学校からの刷り込みなのでしょうが、実際はみんなと仲良くする必要などないのです。

会社は「仕事をする場所」であって、「仲良しグループ」をつくる場ではありません。最低限の仕事に差し支えのないコミュニケーションがあれば十分。仕事上のドライな関係でいいのです。もちろん、何人かの気の合う人と仲良くするのはよいと思います。しかし、無理に全員と仲良くする必要など全くないのです。

私は、自分を嫌う人がいた場合、「ああ、10人に1人がここにいたのか」と思うだけでスルーします。たくさんの人と会えば会うほど、一定の確率で出現する「攻撃星人」。

あなたの精神エネルギーと大切な時間は、あなたを嫌う人のためではなく、あなたにとって大切な人のために使うべきなのです。

あなたを攻撃する人を味方に変える方法

**「攻撃星人」に対する最も効果的な対処法は、「ありがとう」と言うことと、親切にすることです。**

悪口や嫌みを言われたら、ついつい反撃したくなるもの

ですが、それこそ相手の思うツボです。

「攻撃星人」は、愉快犯なので、相手が「怒る」「反論する」「嫌な顔をする」ほど喜びます。そして、さらにあなたへの攻撃を強めるでしょう。

だから、反撃すればするほど、関係性は悪化し、泥沼化していくのです。

あなたがするべきことは、満面の笑みで「ありがとう」と言うことです。

さらに、「相手のためにできること」「相手のためになる親切」をできるだけします。

親切にする人、される人両方に、愛情物質のオキシトシンが分泌されるので、あなたが**「攻撃星人」に親切にすればするほど、相手はあなたに対する「好意度」が強制的にアップしてしまい、攻撃することができなくなるのです。**

ほとんどの人は、相手の攻撃に対して反撃してしまうので、関係性が余計に悪化します。そこをぐっと我慢して攻撃ではなく親切で返すと、相手は拍子抜けするどころか、むしろあなたの味方になります。

「ありがとう」と「親切」を続けていけば、オキシトシンの威力が発揮され、相手の行動は、必ず変わるでしょう。

## ポジティブワードが健康をつくる

# 「言葉」
## の最適化

「話す」「書く」というコミュニケーションの基本は、
言葉です。言葉のやりとりで、交流ができあがります。
言葉を変えると人生は変わるのです。
人生がうまくいかないという人は、
まず普段使っている言葉から変えていきましょう。

### 「悪口」を言わない

悪口は、不幸になる呪文といっていいでしょう。

「幸せでない」という人は、間違いなく悪口、批判、ネガティブな言葉が多いのです。あなたは、**「幸せでないから悪口が出る」と思っているかもしれませんが、因果関係は逆で悪口を言うから、不幸せになるのです。**

まず悪口は脳と身体にダメージを与えます。

「悪口はストレス発散になる」と思っている人が多いのですが、脳科学的にいうと間違いです。悪口を言うほど、ストレスは増えるのです。

　悪口や批判が多い人は、そうでない人よりも認知症になる確率が3倍も高い。また、悪口を言うとストレスが増え、免疫力を低下させ、約5歳も寿命を縮めることが報告されています。

　悪口を言うと、ストレスを受けたときに分泌されるコルチゾールの分泌が過多になり、身体の免疫力を低下させ、様々な病気の原因をつくります。

　またコミュニケーションや人間関係も悪化させます。陰口でも同じことです。

　「Aさんのことが嫌い」と口に出すと、「Aさんが嫌い」という記憶や感情を自分の脳内で強化します。

　そうした感情は、無意識のうちに非言語コミュニケーションに表れ、Aさんにも伝わり、Aさんとの人間関係はさらに悪化していくでしょう。

　さらに悪口を言うことは、悪いところ探しのトレーニングになり、その能力は自分に対しても発動します。

　無意識に自分のネガティブな点を探し、不安になり落ち込み、自分を責めてしまう。自己肯定感は下がり、どんどん幸せから遠ざかるのです。

### ポジティブワードをネガティブワードの3倍発する

　悪口やネガティブな言葉は言ってはいけないといわれても、「時には愚痴を……」という人もいるでしょう。

人間の幸福を研究するポジティブ心理学では、「ネガティブな言葉を発してはいけない」とはいいません。

　むしろ、「ネガティブな言葉は言っていい」「マイナスを吐き出してもいい」といいます。重要なのは割合です。

　**ポジティブとネガティブの比率（PN比）を「3対1」以上にすることが大切なのです。**

　つまり、ネガティブワード1に対して、3倍以上のポジティブな言葉を言えば、多少のネガティブな言葉は吐き出してもOKというわけです。

　アメリカのノースカロライナ大学の研究で職場におけるPN比を調べたところ、PN比が3対1以上の、普段からポジティブな言葉の多いチームは、職場の雰囲気がよいだけでなく、高い利益を上げていたという結果が出ました。

　最も業績の高かったチームでは、ポジティブな言葉がネガティブな言葉の6倍以上も使われていました。

　夫婦関係においても、PN比が3対1の夫婦は良い夫婦関係を保っており、離婚する確率が低い。さらに、PN比が5対1の夫婦は、10年後もほとんど離婚していなかったそうです。

　つまり、ポジティブな言葉とネガティブな言葉の比率を3対1以上にすると、人間関係も仕事もうまくいくのです。

## 1日3回の「ありがとう」

1秒で簡単に相手に伝えられて、効果が最強のポジティブワードがあります。それが「ありがとう」です。

「ありがとう」は、魔法の言葉です。「ありがとう」と言うだけで、オキシトシンが分泌するだけでなく、言った人にも言われる側にも、エンドルフィンが分泌します。

エンドルフィンは、モルヒネの6倍以上の鎮痛効果を持つ脳内麻薬、究極の幸福物質です。

**「ありがとう」と言われた相手は、脳科学的にも「ものすごく幸せな気持ちになる」ということです。**

1日の最後に「感謝日記」をつけると、健康（睡眠の改善、免疫力アップ、痛みの軽減、血圧の降下、運動時間が長くなる）になります。

感謝日記には、心理的効果（ポジティブ感情が高まる、毎日が楽しくなる、幸福度がアップする）、社会的効果（寛容で慈悲深くなる、外交的になる、孤独感が減る）など絶大な効果が心理学的研究で確認されています。

笑顔でアイコンタクトをして、1日3回以上「ありがとう」を言うと、あなたの人間関係は、間違いなく変わるでしょう。

# 「伝える」
## の最適化

コミュニケーションが苦手だという人は、人間関係を悪化させる原因にもなります。良好なコミュニケーションをとるために最も重要な3つのポイントをお伝えします。

## ノンバーバルの方が「想い」が伝わる

コミュニケーションが下手な人ほど「言葉」で伝えようとします。だから伝わらないのです。

コミュニケーションには、バーバル・コミュニケーション（言語的コミュニケーション）とノンバーバル・コミュニケーション（非言語的コミュニケーション）の2つがあります。

バーバル・コミュニケーションとは、言葉の意味や内容による言語的情報です。

一方、ノンバーバル・コミュニケーションとは、外見、表情、視線、姿勢、動作、ジェスチャー、服装、身だしなみなどの視覚的情報や声の調子、声の強弱、声質などの聴覚的情報です。

心理学者メラビアンの研究によれば、言語、視覚、聴覚

で矛盾したメッセージが発せられたとき、優先して信じたのは55％が視覚情報で、次に聴覚情報が38％、言語情報は7％という結果が出ました。

つまり、人の判断の9割は、ノンバーバル・コミュニケーションが優先されやすいということです。

私たちは、言葉の意味内容そのものよりも、非言語情報を重視しているのです。

**「どんな内容を話すか」よりも「どのように話すか」が重要だということです。**だから声のトーンや大きさ、身振り、手振り、表情など、非言語を総動員することで、「伝える」力をパワーアップできます。

また、心の中で思っていることは、言葉に出さなくても相手に伝わる可能性が高いため、「この人、嫌いだ」と思ったら、態度で相手に伝わるかもしれません。

それが結果として人間関係の悪化の原因になっている人も多いでしょう。

---

笑顔＆あいさつ

---

ノンバーバル・コミュニケーションというと難しそうに感じますが、**最も簡単で相手に好印象を与えるのは、「笑顔」です。**

「笑顔」は、相手に対して「ウェルカムな姿勢」「自分はあ

なたの敵ではありません」「自分はあなたを歓迎しています よ」というサインを無意識に送っているのです。

あるいは「コミュニケーションを歓迎しています」「あな たに好意を持っています」というサインです。

逆にしかめっ面をしていると、「私はあなたが嫌いです」 「声をかけないでください」という間違ったサインを与え るおそれがあります。

笑顔は、コミュニケーションの潤滑剤です。

そしてあいさつは、コミュニケーションの入り口です。 たかがあいさつと思うかもしれませんが、コミュニケー ションを深めるためには、お互いの「心の扉」がオープン になっていないといけません。

「おはようございます」のやりとりだけで、互いの「心の 扉」は開きます。

朝、元気よく、相手の目を見て「おはようございます」と 言いながら笑顔をつくるだけ。それだけで、あなたの印象 は好転するのです。

> アイコンタクト

アイコンタクトとは、話している途中に目と目を合わせ るコミュニケーションです。

**アイコンタクトを意識して話すと、「相手は、自分に関心 を持ってくれている」「自分の話をしっかりと受け止めて**

くれる」という印象を自然に与えます。

　脳科学的には、アイコンタクトをするだけで、自分と相手の双方に愛情ホルモン、幸福ホルモンであるオキシトシンが分泌されるといわれています。相手にオキシトシンが分泌されるということは、自分への「信頼感」「好意度」がアップするということ。時々目を合わせて話すだけで人間関係が好転するのです。

　さらにアイコンタクトによって、幸福物質ドーパミンも分泌され、「この人とまた会いたい」という気持ちが増すのです。

　しかし中には、相手の目を見るのが苦手で緊張するという人もいるでしょう。その場合は、相手の目を直接見るのではなく、「相手の目と目の間を見る」あるいは「相手の鼻を見る」という方法があります。

　目を見る頻度ですが、心理学者のマイケル・アーガイルの研究によると、2人の人物が会話をしている際、会話中に相手を見る時間は会話全体の約30〜60%。うちアイコンタクトがなされるのは、10〜30%です。

　アイコンタクトは、長くても1回1秒程度で終わります。

　つまり、10秒に1回、相手の目をチラ見すればいいのです。それならできるのではないでしょうか。

# 1日30分、パートナーの話を聞く

## 「夫婦関係」
## の最適化

人間関係の悩みに関して、職場の人間関係に次いで
多いのが、夫婦関係の悩みです。
ここでは簡単で取り組みやすく、かつ即効性のある
夫婦関係を良好にする最強の方法を3つお伝えします。

### 1日3回は感謝を言葉にすること

　夫婦喧嘩が多い。雰囲気が険悪である。このような冷え
切った夫婦関係を改善するのは簡単ではなさそうですが、
それでも簡単で即効性のある方法があります。

　それは、「言葉」の最適化でも書きましたが、パートナー
に1日3回「ありがとう」と言うことです。さらに1日の終わ
りに「感謝日記」をつけると効果は増します。**自分が発し
た「ありがとう」を日記的に記録することで、自己肯定感
が高まり、相手に対して余裕を持って接することができる
からです。**

　「ありがとう」の効果は、P274を参照してください。

　「感謝日記」については、多くの心理学的研究があります

が、1週間から10日の短期間で効果が出ます。

　直接言葉では照れくさくて言えないという場合は、LINEのメッセージなどに「今日のお弁当はおいしかった、ありがとう」「ゴミ出ししてくれてありがとう」と文字で送るといいでしょう。**継続することで、相手からも「ありがとう」が返ってくるようになります。**

> ポジティブな会話を増やす！

　「夫が話を聞いてくれない」という不満を持つ妻は、少なくありません。その大きな原因は、あなた(妻)がネガティブな話を30分以上、延々と話すからです。

　夫が仕事で疲れて帰ってきたのに、ママ友や先生への不満、悪口を聞かされるのは地獄の苦しみです。

　アメリカの夫婦問題研究のパイオニア、ジョン・ゴッドマン博士によると、夫婦間の会話のポジティブとネガティブの比率が、3対1以上だと離婚率が低く、夫婦円満。5対1以上の場合は、ほとんど離婚することはないといいます(詳しくはP273を参照)。

　夫が夫婦関係を改善したいと本気で思うのなら、妻の話を毎日30分聞いてください。夕食のときだけでいいのでテレビやスマホを見ることなく、妻の話にしっかりと耳を

傾けましょう。

その会話にネガティブな言葉が多い場合は、自分でポジティブな言葉、話を多く入れて、ポジティブでネガティブを中和していきましょう。**夫と妻の会話ではトータルで「ポジティブ、ネガティブ比　3対1」が実現すれば、OKです。**

> 「Iメッセージ」で伝える

「出かけるとき、忘れないでゴミ出していってね！」

「出かけるとき、ゴミ出していってくれると、うれしいわ！」

どちらの方が、効果的だと思いますか？

1行目は、**相手に「指示する」「お願いする」言い方で、心理学では「YOU（ユー）メッセージ」**といいます。

2行目は、**自分がどう思っているか、考えているのかを伝える「I（アイ）メッセージ」**です。

「YOUメッセージ」は、どうしても命令口調になりがちで、言われた側も「カチン」ときて反抗的な態度をとりたくなります。

「Iメッセージ」は、「私はこうしてくれるとうれしい」という「思い」をのせるので、「相手のために、やってもいいかな」という気持ちになるのです。

夫婦関係に限らず、何かお願いごとを人にするときは、「Iメッセージ」を使うだけで、実現確率が何倍にも高まるのです。

## 心理的距離と家事参加がカギ
# 「自宅仕事」
## の最適化（夫婦編）

テレワーク、自宅仕事のたいへんさは、家にいて
家族とうまくコミュニケーションをとりながら、
仕事も両立させるという部分でしょう。
P235では、自宅仕事の環境について書きましたが、
ここでは家族関係に特化して、対処法をお伝えします。

### パートナーと心理的な距離をとる

　テレワークで夫が家に長くいると、妻のストレスが増え、機嫌が悪くなり、夫婦喧嘩が増えます。単純に考えると、コミュニケーションの時間が長くなるので、仲が良くなりそうなものですが、実際は「マイナス」になることの方が多いのです。

　心理学の「ヤマアラシのジレンマ」を知っていると、その理由は腑に落ちます。
　寒い環境にいる2匹のヤマアラシが、寒いからお互いに温めようと思って近づくと、お互いの針が刺さって痛みを

感じます。でも、離れると寒い。近すぎても傷つけ合うし、遠すぎても寒い。**ヤマアラシは近づいたり離れたりを繰り返しながら、お互いに傷つかない、丁度いい距離をみつけます。**

　遠すぎると寂しいし、近すぎると相手を傷つける。これと同じく人間関係には、適度な距離感が重要だということです。

　テレワークで夫が家にずっといると、夫婦の心理的距離が近くなりすぎます。

　心理的距離が近くなると、相手の悪いところがみえやすくなり、会話が多くなりすぎると、一言一言が「ウザい」と感じやすくなります。

　**テレワークによる夫婦関係の最適化の基本は、「心理的な距離をとる」ことです。**

　「自宅仕事」の最適化（環境編）で紹介した「仕事場所を決める」「不可侵時間を決める」というのも、夫婦の心理的な距離をとる方法の一つです。

> 1人の時間をつくってあげる

　ある調査によると、コロナ禍のテレワークにおける妻のストレスの上位に「食事を3食つくること」というのがあり

ました。

　つまり、通常は2食しかつくらないところが、夫が家で仕事をしているために、昼ご飯をつくり、後片付けや、食器洗いをするというのが、大きなストレスになっているのです。このストレスをゼロにする方法があります。

　それは、「外食する」ということです。

　私は、午前中は家で仕事をしていても、ランチはほぼ100％外食です。外に食べに行くことで、大きな気分転換になり、またお店まで5分、10分歩くことが適度な運動となります。結果、脳がリセットされるので、午後の仕事が猛烈にはかどるのです。

　家で昼食をとると、「午後の仕事のパフォーマンスが上がらない」だけではなく、「妻の家事とストレスを増やす」など悪いことだらけです。

　カフェや外での仕事が認められている会社では、**午前中は家、午後からはカフェ、コワーキングスペースのように、仕事場所を変えるのもよいでしょう。**

　妻も「自分一人の時間が欲しい」と思っているはずなので、ランチだけでも外食する。あるいは、1日のうち数時間は、外でテレワークを行うなどを意識するだけで妻の機嫌はよくなるのです。

あなたが1日中家にいることが、妻のストレスを増やし、妻の機嫌を悪くする大きな原因になっていることを自覚しましょう。

## 積極的に家事を引き受ける

テレワークにおける最も多い妻の不満は、夫が「家事をしない」「家事を手伝わない」というものです。

夫が家にいるだけで、食事の支度だけではなく、掃除の邪魔になったり、様々な後片付けが増えたりします。

だから、夫が家事の分担を積極的に引き受けて、妻の負担を軽くするように配慮することが大切です。

これによって明らかに妻の機嫌がよくなるでしょう（笑）。

たとえば、自分の食器やコップは自分で下げて自分で洗う。ゴミ出し、トイレ掃除、風呂掃除を引き受けるなど。

小さい子供がいる場合は、育児の分担も必要でしょう。

妻のご機嫌をとるというわけではありませんが、自分が出したゴミを自分で片付けたり、自分の食器を洗ったりするのは当然のことです。

自分がいることで、妻の家事負担を増やさないようにする配慮。そうした**配慮、気遣いがあるのか、ないのかによって、「自宅仕事」での人間関係は決まります。**

# メンタル疾患になる前に改善させる

# 「感情」
## の最適化

怒りっぽい人やイライラしている人は、すごく印象が悪く、
人間関係の悪化やトラブルの原因になります。
不安やネガティブな考えが浮かびやすいという人と同様で、
感情をコントロールしなければなりません。

## 朝散歩で感情をコントロール

感情をコントロールする脳内物質は、セロトニンです。セロトニンの分泌が低下すると、感情のコントロールができなくなり、切れやすい、怒りっぽい、イライラする、不安になるなどの症状が現れます。

仕事が忙しい、ストレスが多い状態が続いていると、**脳疲労で脳が「お疲れモード」の状態になり、セロトニンの分泌が低下し、感情が不安定になります。**

精神科医の経験からいうと、入院する前は「ものすごく怒りっぽい人」が、3ヶ月後に退院する頃には、「朗らかな人」に変わっていることが多いのです。

なぜならば、入院中は「セロトニン」の最適化を考えて

治療するので感情が安定するからです（セロトニンを分泌させる朝散歩はP135を参照してください）。

　朝散歩は、健康な人であれば、体調を維持するという意味で5〜 10分の短時間でも効果が得られます。

　しかし、「感情が不安定な人」がそれを改善するには、**低下したセロトニンを高めていくことが必要なので、15〜30分の朝散歩の継続が求められます**（週に数回でも可）。

　効果を実感するには、2ヶ月以上は必要です。

7時間以上の睡眠

　国立精神・神経医療研究センターの研究によると、1日に4時間半ほどの睡眠不足状態が5日間続くと、うつ病や統合失調症などの患者と似た脳機能の変化がみられ、不安や混乱、抑うつ（気分の落ち込み）傾向が強まることが明らかにされました。

　つまり、睡眠不足の人は、それだけで情動が不安定になり、抑うつも現れるのです。

　「危険の警報装置」ともいわれる脳の扁桃体は、不安、恐怖、怒りなどのマイナス感情のスイッチをオンにしますが、睡眠不足になると扁桃体が簡単に興奮しやすくなります。

　これにより不安、恐怖、怒りなどが出やすくなるのです。

　**日常的に6時間睡眠以下の人は、「感情の不安定さ」がも**

うすでに出ている可能性があります。

　必要な睡眠時間は7時間以上です。睡眠をきちんととることで感情は安定します。たった1時間睡眠を増やすだけで、「仕事や人間関係が順調になる」と思えば、それはものすごく有効な時間投資といえるのではないでしょうか。

## 感情を安定させるガス抜き

　原因が何もないのにイライラしているとしたら、前述の通り、睡眠不足や脳疲労(セロトニン低下)が原因なのです。

　ストレスがたまればたまるほど、イライラや怒りっぽさは強まり、感情は不安定になっていきます。

　**ストレス発散の最も効果的な方法は、「ガス抜き」です。**自分のストレスの原因や心配事を「人に話す」ということ。

　「相談」と言い換えてもいいのですが、「相談」＝「問題解決」という印象が強く、「ガス抜き」は、ただ「悩んでいること」「思っていること」を、友人などに話すだけという違いがあります。「ガス抜き」は、問題を解決する必要はなく、アドバイスをもらう必要もありません。

　誰にも話さないで一人で悩んでいると、ストレスはどんどん増えていきますが、他人に心の内を話すだけで、ストレスはどんどん減っていくのです。

　人に悩みを話す、打ち明ける「ガス抜き」で、ストレスの9割は消えるといっていいでしょう。

# 「つながり」
## の最適化

誰でも人間は一人では生きていけません。
人と人とのつながりが、身体的健康や精神的安定に
どれほど影響を与えるのか、みてみましょう。

## 孤独感は人心をむしばむ

人との「つながり」が失われた状態が「孤独」です。

コロナ禍と関連して、「コロナ感染が怖い」と家から一歩も出ない高齢者が増えています。

また大学の授業が全てオンラインになったため同級生と会えない、交流がない学生など、若者の「孤独」問題も深刻化しているのです。

近年の研究から、**孤独は心と身体の健康に極めて悪影響を与えることがわかっています。**

アメリカのブリガムヤング大学の研究によると、「社会的なつながりを持つ人は、持たない人に比べて、早期死亡リスクが50％低下する」といわれています。この死亡リス

クは、1日15本の喫煙に匹敵するのです。

　孤独を感じる人は、正常な人と比べて死亡率が1.3〜 2.8倍、心疾患が1.3倍、アルツハイマー病のリスクが2.1倍、認知機能の衰えが1.2倍に高まります。

　また、うつ病は2.7倍、自殺念慮が3.9倍と、メンタルに対しても甚大な悪影響を及ぼすのです。

「うちは親と同居しているから安心」と思うかもしれませんが、人と多く会っていれば孤独ではないかというと、それも違います。本人が「孤独」を感じているのかどうかが重要。**人と会っていても、「安心感」や「癒やし」が得られていない人は、みんな孤独なのです。**

　孤独の対策は「まめに連絡をとる」ということと「直接会う」のが最も効果的です。直接会うことが難しいのであれば、SNSを活用しましょう。LINE、Facebookのメッセージやメール、電話、または「ビデオ通話」などで定期的に連絡をとることです。

テキスト（文字）　＜　音声　＜　動画

　この順に情報量は多くなり、コミュニケーション効果も高くなります。

　だから、電話やビデオ通話などで、まめに連絡をとるこ

とで、「孤独」を多少なりとも和らげていく必要があります。

**「つながり」を維持するためには、お互いに支え合う。互いに気遣うことが大切です。**

なぜ、孤独は死亡率が大幅に高め、身体の健康に悪いのでしょうか。

それは孤独では、オキシトシンが分泌されないからです。

オキシトシンは、リラックス効果や免疫力や細胞修復力を高める効果、痛みの緩和、心臓疾患のリスクを下げる効果など身体の健康にとてもよい。それだけでなく、コルチゾールを下げるストレス解消効果や扁桃体を鎮静させたり、不安を減らしたりする効果があり、副交感神経を優位にするリラックス効果などの心の健康にも一役買っています。

さらに、記憶力、学習能力、好奇心などを高める脳の活性化など、いいことだらけです。

孤独になって、オキシトシンが分泌されないと、これらの効果が全て得られないので極めて健康に悪いのです。

またオキシトシンは、3大幸福物質の1つです。オキシトシンが分泌されると、「人とのつながり」による安心感、幸福感が得られます。

つまり、「安定した人間関係」を築けば、私たちは幸せになれるということです。

しかしこれは、自然にできあがるものではありません。普段のコミュニケーション、人間関係を積み上げていく努力が必要です。

### 親切・感謝・他者貢献

孤独に陥らないためには、**親切・感謝・他者貢献を意識した生活をするといいでしょう。**

なぜならば、人に親切にするだけでオキシトシンが分泌されるからです。他者貢献、ボランティア活動でも、オキシトシンが分泌されます。

自分のためだけに生きるのではなく、他人の役に立つ活動をすることは、オキシトシンを介して自分の「健康」「幸せ」として戻ってくるのです。

感謝日記（P279）の重要性をお伝えしていますが、寂しい人やつながりの弱い人ほど、親切と感謝を意識してください。人に親切にして、何にでも感謝ができる人は、間違いなく周りの人から好かれます。多くの友人や部下たちが、あなたの周りにいることでしょう。

親切と感謝は最高の「孤独」対策になるのです。

第 **7** 章

# 「健康」の最適化

## 健康維持には欠かせない重要タスク

# 「運動」の最適化

「運動」については、1冊全てを使って解説しても
足りないほどお伝えしたいことがありますが、
あえて最も大切なポイント3つを紹介しましょう。

### 最低運動量は、1日20分の早歩き

「ダイエット」「ボディメイク」「美容」を目的にした本は
たくさんありますが、当然、それぞれの目的に合った最適
な運動や時間は異なります。

精神科医である私が重視する運動の目的は、「健康の維
持」と「脳と身体のパフォーマンスアップ」です。

ここでお伝えするのは、健康維持の運動と病気にならな
いで生活するための最低限の運動時間です。

いわゆる「運動不足」にならない基準です。

**それは早歩き程度の「1日20分以上の運動」です。**

WHOの基準では、「週に150分間の緩い運動、もしくは
75分間の激しい運動をしない人」を運動不足と定義してい

ます。この運動量をクリアしている日本人は、たったの20％。ほとんどの日本人は、運動不足だということです。

　各種の研究を総合すると、**1日20分の早歩きで、大部分の生活習慣病のリスクを減らし、死亡リスクを約半分に軽減させて、平均寿命が4年半も延びるほどの健康効果を得ることができます。**

　1日20分の早歩きは、通勤時にもっと速く歩けば誰にでもクリアできます。

　「早歩き」を意識してリズミカルに歩けば、それだけで大きな運動効果が得られます。

　街では「早歩き」をクリアできている人はほとんどいません。多くの人は、スマホを見ながらうつむいて歩いています。これでは健康を改善するほどの運動効果はありません。

　「運動しましょう」と言うと、ほとんどの人は「時間がない」と言います。しかし、特別な時間をつくる必要など全くなく、通勤や外出するとき、早歩きするだけでいいのです。これほど簡単で時間もとられずに、効果的な健康法は他にないでしょう。やらないと損です。

週に2、3回は、やや強度の高い運動をする

　「病気にならない」ことはとても重要ですが、多くの人は

今よりも上のパフォーマンスを発揮したい、あるいは「もっと健康になりたい」という目標を持っているはずです。

そういう人は、「1日20分の早歩き」に、「やや強度の高い運動」を週に2〜3回（45〜60分）追加するといいでしょう。

「やや強度の高い運動」とは、「ジョギングまでいかないほどのスピードの早歩き」や「軽いジョギング」です。

また自転車こぎ、エアロビクス、ダンスなどの運動もよいでしょう。

「有酸素運動」の前に「筋トレ」を行うと、さらに効果的です。

**やや強度の高い運動を30分以上行うことで、脂肪燃焼効果（ダイエット効果）、疲労回復効果、筋肉増強効果のある「成長ホルモン」が分泌されます。**

さらに脳の神経系を活性化し神経細胞の新生を促進する、つまり、「頭がよくなる物質」である「BDNF（脳由来神経栄養因子）」もたっぷりと分泌されます。

また、これらの運動によって、幸福物質のセロトニン、ドーパミンが整い、不安の原因となるノルアドレナリンも適正化するので、感情が安定します。イライラや怒りっぽさが減り、人間関係も円滑になるでしょう。

一昔前は、運動するといえば、「ハイスピードのランニングを30分以上行わなければいけない」と思っている人が多

かったのですが、最近の研究ではクタクタになるような強度の高い運動よりも、中強度、やや強度の高い運動（爽やかな汗が流れる程度の運動）の方が脳や身体への健康効果、脂肪燃焼効果が高いことがわかっています。

**運動はハードに苦しみながらではなく、もっと気楽に楽しみながらしましょう。**

## 運動の時間帯を考える

せっかく同じ時間、同じ強度の運動をするなら、最大の効果を発揮する時間帯にしたいものです。

1日の中でいつ運動すると、最も高い効果が得られるのでしょうか。

最近、注目されているのは、「朝」です。

睡眠の質と「いつ運動するか」を調べた実験では、**朝の運動が最も睡眠を深めることがわかりました。**

また先述（P135）しましたが、朝の屋外の運動では、セロトニンが活性化し、体内時計もリセットされます。また副交感神経から交感神経のスイッチも入り、自律神経のバランスが整います。朝、運動すると代謝が上がり、それが1日持続するのです。ダイエット効果が高く、よいことだらけです。

つまり、朝散歩は、最強の運動法ということです。

次にお勧めなのは、「夕方」です。

**夕方の16時前後が、1日の中で代謝が最も活発になる時間帯です。**この時間に運動すれば、脂肪燃焼が促進され、高いダイエット効果が得られます。

また、「集中力」の最適化（P206）でもお伝えしたように、運動すると集中力をリセットできます。

つまり運動した後の数時間を朝起きた状態に近い「脳のゴールデンタイム」として活用できるのです。

だから「会社からの帰宅途中」にジムに寄ったり、夕方、または夜の早い時間に運動したりすることで、その後の数時間を勉強や自己投資などの時間として活用できるという大きなメリットがあります。

ハードな運動をやってはいけないのは、夜の遅い時間帯です。特に、寝る前2時間以内はNGです。

交感神経が優位になるので、睡眠に対して悪影響を及ぼします。運動をしたら、2時間以上のクールダウン時間をとりましょう。

自分の生活周期を考えると、運動できる時間は決まってきますが、「いつ運動するか」によって、メリットが変わってくるので、知っておくと参考になります。

## 食事よりも睡眠が大きな影響を与える
# 「ダイエット」
## の最適化

なかなかうまくいかないのが、ダイエットです。
では、なぜあなたのダイエットは失敗するのでしょうか。
絶対に成功させる3つのポイントをお伝えします。

### 朝の体重測定

朝の体重測定については、「朝のルーティン」の最適化（P130）でも説明しましたが、重要なので追加説明をしておきます。

体重を記録することは、ダイエットにおいて必須です。その理由は、「記録」しないと、ダイエットが意識からはずれてしまい、ダイエットを忘れてしまうからです。

また、体重を記録していないと、1週間前、1ヶ月前と比較できないので、「変化」がわからなくなります。

「1ヶ月前より◯kg減った」という結果（目標達成）が、モチベーション物質ドーパミンを分泌し、「ダイエット頑張ろう！」という意欲を維持できるのです。

だから体重の記録を続けていけば、ダイエットは成功に

近づいていくのです。

**毎朝、体重測定するだけで、ダイエットに対する意識、意欲を強化できる。**たった15秒でできる体重測定が、ダイエットを継続する、大きな武器となるのです。

> 7 時 間 以 上 の 睡 眠

ダイエットに失敗する理由は、おそらく「睡眠不足」です。睡眠と食欲に関して以下のような研究結果があります。

**❶** 睡眠不足は、4倍太りやすい

**睡眠5時間以下の人は、睡眠6〜7時間以上の人に比べて年間のBMI（肥満の指標）の上昇率が約4倍になります。**

**❷** 睡眠不足で食欲が25％アップする

睡眠不足になると、食欲を増進させるホルモンのグレリンが14％増え、食欲を抑制するホルモンのレプチンが15.5％減り、食欲が25％アップします。

**❸** 睡眠不足では、食欲を我慢することが困難

睡眠不足の脳では「合理的な意思決定を司る部分」（前頭前皮質と島皮質）の活動は低下し、「食べたいという衝動に関連する部分」（扁桃体）の活動は活発になります。

つまり、**睡眠不足になると「食べたい！」という衝動は**

強まり、「我慢しよう」というコントロールが弱まるのです。

**④** 睡眠不足で摂取カロリーが385kcal増える

　ダイエットに関する約500人分のデータを分析したところ、**睡眠が6時間以下の人は、「1日におよそ385kcal、摂取カロリーが余計に増える」**という衝撃的な事実が明らかになりました。このカロリー数は、ジョギングで約30分、ウォーキングで1時間に匹敵します。

**⑤** 基礎代謝が減る

　睡眠がきちんととれないと、夜間の成長ホルモンが十分に分泌しません。成長ホルモンは脂肪を燃焼させるので、成長ホルモンが減ると、基礎代謝が減って、太りやすくなります。

　これらの研究をまとめると、睡眠不足（睡眠6時間以下）の人は、猛烈に食欲が亢進し、圧倒的に太りやすいということです。

　私は、ダイエットが失敗する最大の原因は、「睡眠不足」だと思うのですが、なぜ多くのダイエット本には、この重要なポイントが書かれていないのか不思議です。

　体重を減らしたければ、苦しい思いをして厳しいダイエットをするよりも、睡眠時間を7時間以上に増やす。その方が、はるかに簡単に体重を減らせるはずです。

## 朝散歩で食欲を適正化する

朝散歩については、「朝散歩」の最適化(P135)で解説しましたが、朝散歩がダイエットに絶大な効果があることは、もっと多くの人に知って欲しいと思います。

**なぜならば、朝散歩をすることで、あなたの「異常な食欲」を適正化する**からです。

セロトニンは、視床下部の外側にある摂食中枢をコントロールする物質の一つです。

つまり、セロトニンが低下すると食欲は暴走し、セロトニンが正常であれば異常な食欲は抑制されるのです。

また、セロトニンは感情のコントロールを司っているので低下すると、イライラが増えたり、衝動性が高まったりしてドカ食いの原因となります。「最近、ストレスが多く、甘いものを無性に食べたくなる」ような人は、だいたいこのパターンでしょう。

さらには、朝の運動によって「脂肪燃焼率が20%アップ」「食欲が抑制される」「1日の活動量が増える」「睡眠を深める」など、様々なダイエット効果が報告されています。

ちなみに私は、朝散歩を毎日行うようにしたら最初の1ヶ月で2kg痩せました。

朝散歩は、メンタルの健康によく、仕事のパフォーマンスを高めるだけでなく、ダイエットにも効果があるのです。

## よい睡眠と適度な運動、朝散歩が解決策
# 「ストレス」
## の最適化

ストレスを最適化する。
これは、精神科医である私の重要なテーマです。
ここではストレス・コントロールの最重要ポイントを、
3つに絞ってお伝えします。

ストレスは健康に悪くない

ストレスは健康に悪くないというと驚く人も多いでしょう。

「ストレスは健康に悪い」というのは、社会の常識のように思いますが、アメリカのスタンフォード大学の最新の研究では、**ストレスが健康に悪いという思い込みが強い人ほどストレスの影響を受けやすく、「考え方」でストレスホルモンの分泌が変わる**ということがわかっています。

ストレスは、仕事や人生において必ず生じるものです。多少のストレスがあっても、心配することはありません。これを理解するだけで、ストレスの影響はかなり減らせます。

**重要なのはストレスの大、小ではなく、夜間にストレスがかかっているかどうかです。**

日中、ブラック企業のようなところで働いていたとしても、帰宅してから、仕事のことは忘れて、のんびりとリラックスして過ごす。そうすると深い睡眠に入れるので、ストレスの大部分と身体的な疲労は解消されます。

しかしながら、多くの人は「会社での失敗」を引きずり、不安や心配事を抱えながら、緊張した状態で眠りにつきます。すると交感神経(昼の神経)が優位になり、睡眠も深まらず、身体の疲れがとれません。

このように、夜間にストレスがかかることが最も健康に悪いのです。

**昼はバリバリ働き、帰宅してからリラックスして過ごし、グッスリと眠る。これが「ストレス」の最適化の基本です。**

夜間にリラックスする具体的な方法については、「寝る前2時間」の最適化(P195)をご参照ください。

### ガス抜きでストレスは緩和する

そうはいっても職場の人間関係の問題を抱えている人は、家に帰っても、そのことばかりを考えてしまうものです。

そんな場合、どうすればよいのでしょうか。

精神科医の経験からいうと、「深刻な悩みを持っている人ほど、その問題を一人で抱え込んでいる」ことがほとんどです。

　そのような人は「原因からのストレス」と「苦しいことを誰にも言えないストレス」の掛け算で、悩みが深刻化しているのです。

　P288でも書きましたが、「悩み」「心配事」を誰かに話すだけで、ほとんどのストレスは消えるといっていいでしょう。実際、心理カウンセリングは、話を聞くだけで治療します。話すだけで、ストレスの「ガス抜き」ができるのです。

　「ストレスがあったら、人に話しましょう」というと、「解決できない問題を相談しても意味がない」といった反論が必ずありますが、**「ガス抜き」は問題解決とは全く無関係です。**

　ただ自分の「つらい」「苦しい」を話すだけでよいのです。

　たったそれだけのことで、たまったストレスが、スーッと抜けていくことを実感するはずです。

> 睡眠・運動・朝散歩で心と身体を整える

　ストレスを解消するためには、原因を取り除くことが必要だと、ほとんどの人は思っています。

　しかし、実際問題として、「上司とのこじれた人間関係を修正する」といったストレスの原因を完全に解決することは困難です。

　だから私は「原因解決はしなくていい」と思っています。

　では、どうすればいいのでしょうか。

　答えは、心と身体を「整える」のです。

　ストレスがかかったときには、身体的な変化としてストレスホルモンが分泌されます。そのストレスホルモンを減らすことができる科学的根拠のある方法があります。

　それが、睡眠、運動、朝散歩です。

　これらを行うと、間違いなくストレスを軽減することができます。

　また、睡眠、運動、朝散歩は、メンタル疾患の改善にも効果があります。さらにマイナスをゼロにするだけではなく、仕事のパフォーマンスを飛躍的に高めることができます。

　ということで、**「最近、ストレスが多い」と思ったときに、あなたがすべきことは、睡眠、運動、朝散歩です。**

　その具体的な方法については、「睡眠（P195）」「運動（P294）」「朝散歩（P135）」の最適化をご参照ください。

　またより深くストレスの最適化を知りたい人は、拙著『精神科医が教えるストレスフリー超大全』をお読みください。

# 「水分補給」
## の最適化

人間の身体の60％は水分といわれるように、
水分は生命の維持、体内の様々な活動に不可欠です。
適切な水分量と摂取の仕方を知らなければ、十分な
量の水分を摂取しても脱水状態になることがあります。

## 1日に必要な水分量は、2.5ℓ以上

　**1日に必要な水分量は、飲み物から1.5ℓ、食事で1ℓ、合計2.5ℓといいます。**体格の大きい人や、汗を多くかく人は、3ℓ以上の水分が必要です。

　またダイエットを成功させたい人は、代謝を上げるために、十分な水分の摂取が推奨されます。

　水分が不足し脱水傾向になると、脳のパフォーマンスが著しく低下するので注意しましょう。

　私は、朝起きたら1ℓのペットボトルに水を満杯に入れます。水はペットボトルから飲むようにすると、1日で何ℓ飲んだかがわかるので便利です。夏場や運動をすると水分摂

取量は増えますが、デスクワーク中心の日は、1ℓも飲まないことが多く、自分が水分不足になっていることがわかります。また**水分摂取量が適切かどうかは、自分の尿の色を見ると判断できます。**

適切な尿の色は「薄い黄色」「ワラ色」です。

「オレンジ」や「黄土色」など色が強いと脱水傾向なので、すぐに水分補給をしましょう。

> 水分補給のタイミング

効率よく水分を摂取するタイミングをお伝えします。

**1** 朝起きてすぐ

起床直後の水分摂取は非常に重要です。睡眠中にかく汗や皮膚からの水分蒸発は500mℓ以上といわれます。

朝起きた直後は脱水傾向、いわゆる「血液ドロドロ」の状態です。そのまま激しい運動をすると、脳梗塞や心筋梗塞の原因にもなるので、まず朝起きたら、コップ1杯（200〜250mℓ）程度の水（常温）を飲みましょう。

**2** 水は「常温」が基本

水を飲む場合は、常温が基本です。冷たい水、氷の入った水をたくさん飲むと胃や腸を冷やします。白湯は、腸を冷やさず、身体を温め、リラックス効果があるので、朝や

寝る前といったホッと一息つきたいときにいいでしょう。

**③ 寝る前**

　夜間は脱水状態になりやすいので、寝る前にコップ1杯の水を飲むのはよいことです。ただし、飲みすぎると、夜間にトイレに起きることになり、睡眠を妨げてしまうので、飲みすぎないよう注意しましょう。

**④ こまめに水分補給する**

　一度にたくさんの水分を摂取すると、尿として排泄されてしまいます。2時間おきにコップ半杯から1杯程度。こまめに水分補給するべきです。

**⑤ 喉が渇く前の水分補給**

　多くの人は、喉が渇いてから水分補給すると思いますが、「喉が渇いた」状態では、すでに脱水傾向に陥っています。特に夏場は発汗量が多いので、喉が渇く前に定期的に水分補給をしていかないと熱中症のリスクが高まります。

　その他、運動中や入浴の前後など、汗をかくタイミングでこまめに水分補給をしてください。

> 水分摂取のコツ

　水分を摂取するときの注意点を確認してください。

### ❶ 水分は「水」からとる

お茶やコーヒーを1日に数杯飲むのはいいと思いますが、「お茶」類に含まれるカフェインには利尿効果があるため、飲んだ分以上に水分が尿として排泄されてしまうことがあります。

**お茶のペットボトルをガブガブ飲むのは、推奨しません。あくまでも水分補給の主役は「水」です。**

### ❷ お酒は「水」と一緒に飲む

アルコールにも強い利尿効果があります。1ℓのお酒を飲むと、1.1ℓの尿が出るといわれるので、たくさん水分をとっているようで、脱水状態になっていることがあります。

脱水状態になると、アルコールの分解が進まず、悪酔いや二日酔いの原因になるのです。**コップ1杯のお酒を飲んだら、コップ一杯分の水を飲みましょう。**

### ❸ 清涼飲料水、甘い飲み物は避ける

清涼飲料水や甘いコーヒーには、大量の糖分が含まれています。実は、清涼飲料水500㎖には、角砂糖17個分（砂糖57g）の糖分が含まれているのです。

1日の砂糖摂取量の目安は25gなので、その2倍もの糖分が含まれています。水分なので速やかに吸収され血糖が上がりやすく、毎日飲むと糖尿病の原因にもなるでしょう。

# 健康だけではなく仕事の効率化にも役立つ
# 「コーヒー」
## の最適化

休憩時間に欠かせないコーヒー。
そもそも、健康によいのでしょうか、悪いのでしょうか。
何時まで、また何杯まで飲んでよいのでしょうか。
習慣的にコーヒーを飲んでいる人は必読です。

## コーヒーはがんのリスクを50％減らす

　コーヒーにはカフェインの他、多くの抗酸化物質が含まれているので、健康に非常によいと考えられます。

　また継続的なコーヒーの飲用は、肝臓がん、すい臓がん、大腸がんや子宮がんなどのリスクを50％以上下げ、心臓疾患のリスクを44％低下させ死亡率を16％減らすという研究結果があります。

　さらに**コーヒーの飲用でうつ病リスクが20％減少。認知症リスクが65％減少した**という報告もあり、メンタルにもよいという研究が多数あります。

　これらのデータを鑑みるとコーヒーを飲む習慣は、身体にも心にもよいといえるでしょう。

## コーヒーを飲む最高のタイミング

**1 モーニングコーヒー**

カフェインには覚醒効果があるので、コーヒーを飲むと目が覚めて脳がシャキッとします。

だから、朝食時や仕事はじめに飲むと、1日のスタートに気合いが入るでしょう。

**2 仕事の休憩時**

コーヒーには、リラックス効果があります。またカフェインには、集中力、注意力、短期記憶、反応速度を高める効果があるので、飲用後のパフォーマンスアップに役立つのです。

**3 運動前**

**カフェインは肥満の人の脂肪燃焼率を10%、やせている人では29%も高めます。**

また、カフェインは筋持久力を優位に向上させるため、疲労を感じずに長時間運動できるようになるでしょう。運動前のコーヒーは、トレーニングの効果を高めるのです。

**4 運転前、運転中**

コーヒーは、集中力や注意力、短期記憶、反応速度を高

めます。カフェインを摂取した運転手は、事故を起こす確率が63％も低いという研究結果もあるのです。

運転前、運転中のコーヒーの飲用は、事故防止に役立つといえるでしょう。

## カフェインの門限は14時

コーヒーは何時まで飲んでよいのでしょうか。

カフェインの半減期は4〜6時間といわれますが、人によって個人差が大きいのが現実です。高齢者の場合は、半減期が長くなります。

**睡眠に対する悪影響を避けるためのカフェインの門限は、14時です。**

あくまでも個人差がありますが、夕食後のコーヒーだと、寝る前にはコーヒー半分のカフェインが血中に残っている可能性があります。

「コーヒーは何杯まで飲んでよいでしょうか？」という質問も多いのですが、毎日コーヒーをたくさん飲むと、「カフェイン依存（カフェインが切れるとイライラする）」という問題が起こるので、コーヒーの許容量は、様々な基準があって一概にいうことは難しいのですが、依存や睡眠への悪影響を考えると、1日2〜3杯以下が適量ではないでしょうか。

睡眠に問題がある人は、コーヒーは控えた方が無難です。

第 **8** 章

# 「人生」の最適化

自分を信じ、無理せず一歩踏み出す

# 「行動」
## の最適化

どんなに熟慮しても行動に移さなければ、
何もはじまりません。人は、考えれば考えるほど
行動ができなくなるものです。まずはチャレンジ、
一歩踏み出すためのコツをお伝えします。

## まず、やってみる

　本書では、50項目×3、4個の「TO DO」(すべきこと)を
提示しました。

　まずは「できそうなこと」「やってみたいこと」から、行
動に移して欲しいと思います。

　「読書」の最適化(P252) でも書きましたが、ほとんどの人
は、本を読むと、それだけで満足して行動に移しません。
だからこそ「あなたに一歩踏み出して欲しい」というのが、
私が本書に込めたテーマの一つです。

　そのために、本書内ではTO DOリストを実行しやすく
小さい単位としてまとめたり、継続が難しい習慣をより簡

単にしたりしたのです。

　まず、やってみる。これを習慣にしていくことが、自己成長や自己変革には欠かせません。

　言い換えれば0を1にすることを一番の目標として考えます。

　**0を1にすることができれば、いろいろなことにチャレンジできるでしょう。**

　挑戦するごとに苦痛や恐怖を感じなくなったなら、あなたは、もう行動できる人になっています。

　そうなれば自己成長のスパイラルに突入できるわけで、しめたものです。

　その最初の一歩は、「まず、やってみる」です。

　一つ行動するごとに、P330の「最適化チェックリスト」に「✓」を書き込んでいきましょう。

　きっとリストが埋まるのが、楽しくなるはずです。

　　　　　　　　　自分の感覚を信じる

　私のYouTubeには、毎日30以上の質問が届きますが、「質問する前にやってみればわかるんじゃないの？」というものが多いです。

　たとえば、「朝散歩のとき、サングラスをしてもいいですか？」という質問がありますが、サングラスをして一度朝

散歩に行ってみればよいのです。

　セロトニンが活性化すれば、清々しい気分になります。サングラスをした方が、しないときよりも、より清々しい気分になる人はいないと思いますが、まずは自分でやってみて感じることです。

　**自分の体感、感じ方はとても大切です。**

　健康によいものは、「気持ちいい」「心地よい」「楽しい」のです。

　仕事術に関しても「自分に合った仕事術」は、はかどり、集中力も増し、いつもよりよい感じがするはずです。

　結局のところ、「楽しい」「快適」「気分がいい」というものでなければ、継続し、習慣化することは不可能です。

　何度か試してみて「これはよさそうだ」という感覚があれば、自然と継続できるでしょう。

　「自分の感覚」をもっと信じてください。

　「自分の感覚」を研ぎ澄ましてください。

　あなたに合っているものは、あなたの感覚が一番、教えてくれるはずです。

---

やれる範囲でやっていく

---

　私は、「やれる範囲でやっていく」という言葉が大好きです。

なぜならば、結局のところ、やれる範囲でやっていくしかないのです。自分の能力や許容範囲を超えて仕事をしたり、頑張ったりしすぎると短期間ではなんとかなるものの、長期になれば身体か、メンタルのどちらかを壊す羽目になるでしょう。

　**あなたが「100」の能力を持っているとしたら、「100」まで頑張ればよい。**あるいは、90〜95くらいの力でやれば、余裕をもって取り組めます。

　多くの人は、100の能力しかないのに、120や150まで頑張ろうとするのです。場合によっては、睡眠を削ってまで頑張るわけですから、70点くらいの結果しか出なくなります。

　「無理する」「頑張りすぎる」は、長続きしません。

　やれる範囲でやっていくことは、「マイペース」と言い換えることができます。また**「マイペース」=「あなたにとってベストのペース」**です。

　「やれる範囲でやっていく」という言葉に、どこか消極的な印象を持つ人がいますが、人生という長距離レースでは、「無理する人」「頑張りすぎる人」は全て脱落します。

　マイペースで走り続ける人が、より遠くまで走ることができ、いつの間にか先頭集団に入っているのです。

　無理することなく、自分の速度で歩みましょう。

## 健康、愛、成功、お金のバランスが大事

# 「幸福」
## の最適化

全ての人は「幸せ」になりたいと思っているでしょう。
しかし、具体的に何をすれば、
幸せになれるのかわからないという人がほとんどです。
幸せになるための超重要ポイントについてお伝えします。

### 幸福とは脳内物質の分泌

「幸福」「幸せ」というのは、非常に漠然としています。それは人によって幸せの意味やイメージが異なるからです。幸せとは「とらえどころがない」「定義がはっきりしない」ものなので、それを手に入れることは困難です。

精神科医の私は、「幸せを感じるとき、脳の中ではどんな反応が起こっているのか？」を考えました。

私たちが**幸せを感じるとき、セロトニン、オキシトシン、ドーパミンという3つの脳内物質が分泌されています。**

つまり、これらの脳内物質を分泌させることができれば、誰でも幸せになれるというわけです。

3つの幸福物質に関連して、3つの幸福が存在します。セロトニン的幸福（健康の幸福）、オキシトシン的幸福（愛・つながりの幸福）、ドーパミン的幸福（お金・成功の幸福）です。

幸せになるためには、幸福を築き上げる順番が重要です。

重要な順は、「健康」 ＞ 「つながり」 ＞ 「成功」です。

仕事を必死に頑張って成功を手に入れたとしても、病気になったり、熟年離婚されては幸せとはいえません。

まず、健康が必須であり、家族や友人とのつながりを大切にしながら、仕事を頑張る。そうすることで、仕事のパフォーマンスとモチベーションが最大化し、全ての幸福が手に入ります。

3つの幸福について、さらに詳しく説明しましょう。

**セロトニン的幸福とは、一言でいうと「心と身体の健康」**です。「体調がいい」「気分がいい」という状態、あるいは調子がいいからこそ感じられる「気持ちがいい」「清々しい」「爽やか」という「気分」「感情」「体感」などは全てセロトニン的幸福です。

**オキシトシン的幸福とは、一言でいうと「つながり」の幸福。**他者との交流、関係によって生まれる幸福全てです。

誰かと一緒にいて「楽しい」「うれしい」「安らぐ」のが、オキシトシン的な幸福。夫婦関係、恋人などの恋愛関係や親子、兄弟など家族のつながり。

また友人、知人、ペットとの交流。他者貢献、親切、ボランティアでもオキシトシンは分泌されます。

**ドーパミン的幸福とは、一言でいうと「お金や成功」の幸福。**「やったー！」と叫びたくなるような達成感や充実感です。お金や財産、富、目標達成、自己成長など。また褒められたり、承認されたりすること。物欲、金銭欲、名誉欲、食欲、性欲。遊びや趣味で楽しいと感じるときに、ドーパミンが分泌されます。

あなたの日常生活を振り返り、セロトニン的幸福、オキシトシン的幸福、ドーパミン的幸福をそれぞれ、10点満点で評価してください。

十分に満たされている状態を「10点」、全く満たされていないを「0点」として、自分の感覚、主観でよいので、得点を記入してみましょう。

| ドーパミン的幸福 | 点 |
| --- | --- |

| オキシトシン的幸福 | 点 |
| --- | --- |

| セロトニン的幸福 | 点 |
| --- | --- |

## 「3つの幸福」のバランスを整える

さて、あなたはどの幸福が満たされていましたか。

そして、どの幸福が足りなかったでしょうか。

幸福の基盤となるセロトニン的幸福とオキシトシン的幸福は盤石でしたか。

自分の幸福のバランスが理解できたなら、次は足りない幸福を増やしていきましょう。

本書では153個のノウハウ、TO DOを紹介していますが、そのほとんどが「3つの幸福」のどこかに分類されます。

自分の足りない幸福を増やすように、優先順位を決めて行動していくと、あなたの生活の中に幸福が満たされていくはずです。

それぞれの幸福を増やすための「TO DOリスト」を本書の内容に準じて整理しましたので、参考にしてください。

●セロトニン的幸福

・睡眠(7時間以上)、運動(1日20分以上)

・朝散歩(5-15-30の法則)、通勤時間の朝散歩化
・朝の健康ルーティン(朝の健康チェック、体重測定、水分補給、朝シャワー、朝食)、休憩時間の運動
・座り続けない(15分に1回立つ)
・ダイエット、ストレスの最適化、ガス抜き
・夜間のリラックス、3行ポジティブ日記
・「朝」「夜」「健康」の最適化

●オキシトシン的幸福
・感謝ワーク、感謝日記、親切ワーク、親切日記
・悪口を言わない、「ありがとう」と言う
・ガス抜き、無条件の信頼、休憩時間、ランチ時間でのコミュニケーション
・職場の人間関係、夫婦関係を整える
・「コミュニケーション」の最適化

●ドーパミン的幸福
・インプット→アウトプット→フィードバック
・通勤時間で自己投資、読書をする。TO DOリストを書く
・最も重要な仕事を最初に片付ける(朝のゴールデンタイムを活用する)、15-45-90分、集中時間を意識する
・コンフォート・ゾーンを出る、挑戦する、疲れる前に休憩をとる
・遊ぶ、仕事ばかりしない

## 全ての最適化の目的は日々を楽しむこと

# 「人生」
## の最適化

本書も50番目、最後の項目となりました。
私たちは人生をどう生きるべきか。
非常に難しい問題ですが、私が自分の人生で
最重要視している3つのポイントをお伝えします。

成長と成功は指数関数的に訪れる

ほとんどの日本人はとても真面目で、コツコツ努力をします。

しかし、あるとき「こんなに努力しているのに、ちっとも結果が出ない」と壁にぶつかります。努力しても、努力しても、結果や成長に全くつながらない。「何て自分はダメなんだ」と自己卑下に陥り、モチベーションを失い、途中で諦めてしまうのです。

これは別にあなたが無能なわけではありません。

成長というのは、指数関数的に起きるので、「こんなに努力しているのに、ちっとも結果が出ない」のは、実に当然のことなのです。

　P327の「成長曲線」の図を見てください。多くの人は、50の努力をしたら、50の結果が出ると思っています。しかし、**実際には50の努力をしても、10くらいの結果しか出ません。**こう考えると努力したという思いと結果には40ほどのギャップが生じます。70の努力をしたら、70の結果を期待しますが、実際は20くらいの結果しか出ません。このギャップが精神的な「焦り」「不安」の原因です。

　しかし、そこで諦めずに頑張り続けると、**最後の最後で飛躍的な結果が出る。これが成長曲線です。**

　急に結果が出はじめるポイントは「シンギュラーポイント（特異点）」と呼ばれます。

　つまり、何かをやりはじめたら、ブレイクするまで、シンギュラーポイントを超えるまではやり続けないと意味がないのです。


　実際のところ、私の観察では、90％以上の人は、シンギュラーポイントを超える前に脱落します。苦しくなって努力をやめてしまうのです。非常にもったいない。あと少しだけ頑張れば、10倍以上の結果が出るのだから、頑張って欲しいと思っています。

　勉強、スポーツ、仕事、何かに努力、挑戦する場合は、この「成長曲線」をイメージしてください。

　長いトンネルの先に世界が開ける瞬間は、必ず来ます。

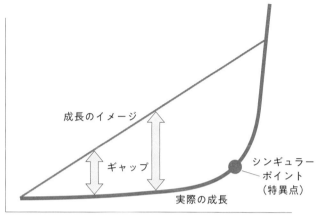

成長曲線

成長・結果

成長のイメージ

ギャップ

実際の成長

シンギュラー
ポイント
（特異点）

時間・努力の量

言葉を変えると人生は変わる

　私の最近の好きな言葉、それは「言葉を変えると人生は変わる」です。

　拙著『精神科医が見つけた3つの幸福 最新科学から最高の人生をつくる方法』（飛鳥新社）に、「1日3回、ありがとうを言おう」という感謝のワークを紹介しています。

　私も意識して必ず「ありがとう」を3回言うようにしたところ、それからの3ヶ月で、いろいろな素晴らしい人との出会いが増え、大きな仕事のご縁をいただきました。

　また自分の周りの人たちも「ありがとう」を言うことが

多くなり、今まで以上に仕事もプライベートもうまくいくようになったのです。

今まで私は、何千人もの人たちと会い、「うまくいっている人」と「うまくいっていない人」、「病気が治る人」と「病気が治らない人」の違いを観察してきました。

**「うまくいっている人」「病気が治る人」の共通点は、「ポジティブな言葉」が多いこと。**「うまくいっていない人」「病気が治らない人」の共通点は、「ネガティブな言葉」、特に「悪口」や「批判」がものすごく多いということです。

あなたの人生を好転させるのは簡単です。「ネガティブな言葉」を減らして「ポジティブな言葉」を増やす。「悪口」を減らして、「ありがとう」を言う。ただそれだけです。

そして、自分から積極的に「親切」や「貢献」をしていくことです。

P270にも書きましたが、重要なのでもう一度書きます。

「ありがとう」や「親切」によって、自分と相手の両方に愛と幸せの脳内物質、オキシトシンが分泌されます。周囲の人からあなたへの好意度が上がり、人間関係が好転し、仕事も順調になり、全てがうまくいくようになります。

ウソだと思ったら、「感謝日記」「親切日記」をはじめてください。10日間でも小さな効果が得られますが、3ヶ月以上続ければ、人生が変わるほどの変化が起こります。

言葉を変えると人生は変わる。間違いないです。

樺沢の座右の銘は、「今を生きる」です。

精神科の患者さんで、「今を生きている」人は非常に少ないです。過去を思い出しては後悔し、未来を考えては不安になっています。

**しかし1日の中で、必ず何個かは楽しいことがあるはずです。**それを寝る前に思い出せば、「今日は楽しい1日だった」といえる。それが1週間続けば、「今週は楽しかった」。それが1年続けば、「今年は楽しかった」。50年続けば、「楽しい人生だった」「幸せな人生だった」となります。

今日1日を「楽しむ」。たったそれだけで、幸せな人生がつくれるのです。みなさん、「過去」や「未来」のことを考えすぎです。そんな暇があるなら、「今できること」「今日できること」を1つでもやるべきです。

**今できることに全力を尽くす。今日という1日を悔いなく過ごす。これもまた、「今を生きる」ということです。**

本書で紹介した最適化ポイントを、余計なことを考えず、1つずつこなして、1つずつ習慣化してください。

それだけで楽しい気分になるでしょう。今日1日を楽しく過ごすことは、誰にでもできるのです。

# 「最適化」チェックリスト

　本章では、50項目×3、4個の最適化、合計153個の行動最適化のノウハウをお伝えしました。以下のチェックリストで、どこまで、行動化、習慣化できたかをチェックし、本書の内容を身につけてください。

## 第1章　「朝」の最適化

| 起床時間 | □同じ時間に起きる | □無理に早起きしない | □体内時計のリセット |
|---|---|---|---|
| 朝型・夜型 | □遺伝子は気にしない | □早起き＆朝散歩 | □朝、太陽の光を浴びる |
| 覚醒 | □カーテンを開けて寝る | □30秒健康チェック | □朝のイメトレ |
| 朝のルーティン | □体重測定 | □コップ1杯の水 | □朝シャワー |
| 朝散歩 | □朝散歩の効果を知る | □5分の朝散歩をする | □日向ぼっこで代用 |
| 朝食 | □低血糖かどうかチェック | □朝食を食べる | □よく噛んで食べる |
| 通勤時間 | □運動を意識して通勤 | □勉強（自己投資） | □仕事の準備 |
| 始業 | □メール返信はしない | □TO DOリストを書く | □最初に骨太仕事 |

## 第2章　「昼」の最適化

| 昼休み | □外食ランチ | □自然に接する | □仮眠 |
|---|---|---|---|
| 休憩 | □脱スマホ | □運動する（立つ、歩く） | □コミュニケーション |
| 休憩タイミング | □こまめに休む | □休憩がとれない場合の対処法 | □自分固有の集中時間を使う |
| 午後仕事 | □午後の眠気を減らす | □コミュニケーション時間 | □制限時間を決める |
| 会議・打ち合わせ | □必要な会議以外はやらない | □午後に行う | □定時にはじめ定時に終了 |
| 間食 | □イライラしたときはOK | □お菓子小袋1つ | □ナッツ |
| 音楽 | □仕事前に聴く | □作業、運動中に聴く | □無音派、雑音派を知る |

## 第3章　「夜」の最適化

| 遊び | □遊びに貪欲になる | □遊びの予定を入れる | □極上時間を持つ |
|---|---|---|---|
| テレビ | □目的を持って見る | □運動しながら見る | □ニュースを見すぎない |
| お酒 | □「お酒はストレス発散にならない」と知る | □適量飲酒 | □週2日の休肝日 |
| 疲労回復 | □睡眠90分前入浴 | □寝る前に食事をしない | □疲れたときこそ運動 |
| 寝る前2時間 | □リラックス | □興奮や刺激を避ける | □まずは寝る前30分のリラックス |
| 就寝直前 | □ハッピーなまま眠る | □3行ポジティブ日記 | □暗記、記憶 |

## 第4章　「仕事」の最適化

| 集中力 | □15-45-90分を意識する | □脳のゴールデンタイム | □有酸素運動 |
|---|---|---|---|
| やる気 | □「やる気」を理解する | □さっさとはじめる | □「はじめる」ルーティン |
| 仕事を楽しむ | □「楽しむ」を理解する | □自己投資して成長する | □アウトプット型仕事 |

| アイデア出し | □30秒以内にメモ | □創造性の4B | □孵化するのを待つ |
| プレゼンテーション | □準備の6対3対1 | □予行演習は3回 | □完璧なQ&A集をつくる |
| 緊張 | □「ワクワクする！」と言う | □15秒姿勢を正す | □20秒深呼吸 |
| スマホ | □1日2時間以下 | □スマホをしまう | □スマホを制限する |
| 自宅仕事<br>（環境編） | □仕事場所を決める | □不可侵時間を決める | □集中空間をつくる |

## 第5章　「学習」の最適化

| アウトプット | □アウトプットのサイクル<br>を回す | □黄金比3対7 | □2週間で3回 |
| 記憶 | □2週間で3回話す、書く | □記憶のゴールデンタイム | □運動中、運動後を活用 |
| インプット | □インプットしたら必ず<br>アウトプットする | □「ザル聞き」を防ぐ | □アウトプット前提 |
| 読書 | □本で悩みを解決する | □必要な本を選ぶ | □読書＋アウトプット |
| 資格試験 | □朝30分勉強する | □スキマ時間15分で暗記 | □過去問命！ |
| 継続 | □目標を低く設定する | □記録する | □3日ルール |

## 第6章　「コミュニケーション」の最適化

| 職場の<br>人間関係 | □5対3対2の法則を<br>知る | □好意の1対2体7の<br>法則 | □攻撃する人を味方に<br>変える |
| 言葉 | □「悪口」を言わない | □ポジティブ3倍 | □1日3回「ありがとう」と<br>言う |
| 伝える | □ノンバーバルで伝える | □笑顔＆あいさつ | □アイコンタクト |
| 夫婦関係 | □1日3回「ありがとう」 | □ポジティブ3倍 | □Iメッセージで伝える |
| 自宅仕事<br>（夫婦編） | □心理的な距離をとる | □意識的に出かける | □家事を引き受ける |
| 感情 | □朝散歩 | □7時間以上の睡眠 | □ガス抜き |
| つながり | □人と意識的につながる | □自分から関係を築く | □親切・感謝・他者貢献 |

## 第7章　「健康」の最適化

| 運動 | □1日20分の早歩き | □強度の高い運動を追加 | □運動時間帯の最適化 |
| ダイエット | □朝の体重測定 | □睡眠時間7時間以上 | □朝散歩 |
| ストレス | □「ストレスは健康に悪<br>くない」と知る | □ガス抜き（話す） | □睡眠・運動・朝散歩 |
| 水分補給 | □1日2・5ℓ以上の水分<br>補給 | □タイミングよく水分<br>補給 | □水分補給のコツ |
| コーヒー | □コーヒーは健康によい | □タイミングよく飲む | □門限は14時 |

## 第8章　「人生」の最適化

| 行動 | □まず、やってみる | □自分の感覚を信じる | □やれる範囲でやっていく |
| 幸福 | □「脳内物質の分泌」を<br>知る | □3つの幸福の自己評価 | □バランスを整える |
| 人生 | □「指数関数的成長」を<br>知る | □言葉を変える | □今を生きる |

　本書を最後までお読みいただき、ありがとうございます。

　本書では、50項目、153個の行動最適化ポイントをお伝えしました。これを実行することで、あなたの体調や集中力、そして仕事のパフォーマンスは大きくアップし、人間関係も改善するはずです。

　「何をやってもうまくいかない」「頑張っているのに結果につながらない」と悩んでいる人は多いはず。その原因は、生活習慣、行動、考え方、コミュニケーションのどこかに「問題」や「無理」があるからです。本書では、日常生活の「うまくいかない」を突破する「行動のコツ」（行動最適化ポイント）を網羅しました。

　本書は、人生をもっと改善し、うまく進めたいのに「どうしたらいいかわからない」人たちに対する、「行動指針」であり「答え」でもあります。

　あなたの「悩み」は、本書に書かれた「行動最適化ポイント」をクリアすることで確実に改善、解消していきます。

　不安、心配にとらわれ、ただ悩んでいるだけで前に進めない、そんな「膠着状態」を打破するのは、「行動」でしかありません。

　本書に書かれた153個の行動最適化ポイント。とりあえずできそうな行動を「3つ」ピックアップして、1週間重点的に実行してみる。次の週は、また別の最適化ポイントを「3つ」実行してみる。

そのくらいのペースで行動改善していくと、1ヶ月で12個、1年で144個。つまり、ほぼ全ての「行動の最適化」をクリアできます。

　今日は「休憩時間にスマホを見ない」のように、今日のクリア目標を定めて「ゲーム感覚」で取り組むのもおもしろいでしょう。そのために、「最適化チェックリスト」も上手に活用してください。

　私の元には、毎日約30件の「悩み」「質問」などの相談メールが届きますが、本書の153個の行動最適化ポイントによって、その90％以上は解決可能です。

　つまり、本書の内容を実行していただければ、あなたが抱える「悩み」「問題」の90％以上は解決できるということ。ストレスは解消し、確実に前に進む「手がかり」が得られるのです。

　悩んだとき、困ったときの「行動指針」として本書を上手に活用して欲しい。

　私のビジョンは「情報発信によるメンタル疾患の予防」です。本書の内容を実行、行動していけば、日々のストレスの90％は解消し、仕事も、人間関係も円滑に進み、毎日が楽しくなります。

　行動の最適化によって、ストレスが減り、病気になる人が一人でも減る。そのために本書が役立てるのなら、精神科医として、これ以上の幸せはありません。


2021年6月某日　精神科医　樺沢紫苑

# 「参考図書リスト」

　本書は樺沢ノウハウの総集編です。「こんなとき、まずどうする？」という答えを簡潔明瞭に理解していただくことを目的につくりました。

　さらに具体的な方法を知りたい、科学的根拠を知りたいという方は、以下の樺沢の本、あるいは参考図書にあたって学びを深めてください。

## 第1章　「朝」の最適化

● 「起床時間」……『ブレインメンタル強化大全』（樺沢紫苑著、サンクチュアリ出版）、『かつてないほど頭が冴える！睡眠と覚醒　最強の習慣』（三島和夫著、青春出版社）

● 「朝型・夜型」……『ブレインメンタル強化大全』、『Sleep, Sleep, Sleep』（クリスティアン・ベネディクト、ミンナ・トゥーンベリエル著、サンマーク出版）

● 「覚醒」……『精神科医が見つけた3つの幸福』（樺沢紫苑著、飛鳥新社）、『朝時間が自分に革命をおこす　人生を変えるモーニングメソッド』（ハル・エルロッド著、大和書房）

●「朝のルーティン」……『ブレインメンタル強化大全』、『結果を出し続ける人が朝やること』(後藤勇人著、あさ出版)

●「朝散歩」……『ブレインメンタル強化大全』、『脳からストレスを消す技術』(有田秀穂著、サンマーク出版)

●「朝食」……『ブレインメンタル強化大全』、『世界一シンプルで科学的に証明された究極の食事』(津川友介著、東洋経済新報社)

●「通勤時間」「始業」……『神・時間術』(樺沢紫苑著、大和書房)

# 第2章　「昼」の最適化

●「昼休み」「午後仕事」……『神・時間術』、『タイムマネジメント大全　24時間すべてを自分のために使う』(池田貴将著、大和書房)

●「休憩」「休憩タイミング」……『ブレインメンタル強化大全』、『ヤバい集中力　1日ブッ通しでアタマが冴えわたる神ライフハック45』(鈴木祐著、SBクリエイティブ)

●「会議・打ち合わせ」……『神・時間術』、『期待以上に

部下が育つ高速会議』(沖本るり子著、かんき出版)

●「間食」……『ハーバード医学教授が教える 健康の正解』(サンジブ・チョプラ、デビッド・フィッシャー著、ダイヤモンド社)、『人生の主導権を取り戻す 最強の「選択」』(オーブリー・マーカス著、東洋館出版社)

●「音楽」……『ブレインメンタル強化大全』

# 第 3 章　「夜」の最適化

●「遊び」……『学び効率が最大化するインプット大全』(樺沢紫苑著、サンクチュアリ出版)、『大人はもっと遊びなさい 仕事と人生を変えるオフタイムの過ごし方』(成毛眞著、PHP研究所)

●「テレビ」……『インプット大全』、『時間術大全 人生が本当に変わる「87の時間ワザ」』(ジェイク・ナップ、ジョン・ゼラツキー著、ダイヤモンド社)

●「お酒」……『ブレインメンタル強化大全』、『酒好き医師が教える 最高の飲み方 太らない、翌日に残らない、病気にならない』(葉石かおり著、日経BP)

- ●「疲労回復」「寝る前2時間」……『ブレインメンタル強化大全』、『スタンフォード式 最高の睡眠』（西野精治著、サンマーク出版）

- ●「就寝直前」……『3つの幸福』、『結果を出し続ける人が夜やること』（後藤勇人著、あさ出版）

## 第4章 「仕事」の最適化

- ●「集中力」……『神・時間術』、『ヤバい集中力』

- ●「やる気」……『神・時間術』、『一流の頭脳』（アンダース・ハンセン著、サンマーク出版）

- ●「仕事を楽しむ」……『学びを結果に変えるアウトプット大全』（樺沢紫苑著、サンクチュアリ出版）、『仕事は楽しいかね？』（デイル・ドーテン著、きこ書房）

- ●「アイデア出し」……『アウトプット大全』、『脳が認める勉強法―「学習の科学」が明かす驚きの真実！』（ベネディクト・キャリー著、ダイヤモンド社）

- ●「プレゼンテーション」……『アウトプット大全』、『いい緊張は能力を2倍にする』（樺沢紫苑著、文響社）

- ●「緊張」……『いい緊張は能力を2倍にする』『ドキドキ・ブルブルなし　理想の自分で輝くためのあがり症克服術』（村本麗子著、明日香出版社）

- ●「スマホ」……『ブレインメンタル強化大全』、『スマホ脳』（アンデシュ・ハンセン著、新潮社）、『時間術大全』

- ●「自宅仕事（環境編）」……『「気分よく」働けて、仕事がはかどる！　一流の人は知っているテレワーク時代の新・ビジネスマナー』（石川和男、宮本ゆみ子著、WAVE出版）、『テレワークでも部下のやる気がぐんぐん伸びる！　リモート・マネジメントの極意』（岡本文宏著、WAVE出版）

## 第5章　「学習」の最適化

- ●「アウトプット」……『アウトプット大全』、『「知」のソフトウェア　情報のインプット＆アウトプット』（立花隆著、講談社）

- ●「記憶」……『アウトプット大全』、『受験脳の作り方―脳科学で考える効率的学習法』（池谷裕二著、新潮社）、『脳が認める勉強法―「学習の科学」が明かす驚きの真実！』

- ●「インプット」……『インプット大全』、『独学大全　絶対

に「学ぶこと」をあきらめたくない人のための55の技法』（読書猿著、ダイヤモンド社）

● 「読書」……『読んだら忘れない読書術』（樺沢紫苑著、サンマーク出版）、『インプット大全』

● 「資格試験」……『ムダにならない勉強法』（樺沢紫苑著、サンマーク出版）、『覚えない記憶術』（樺沢紫苑著、サンマーク出版）

● 「継続」……『脳を最適化すれば能力は2倍になる　仕事の精度と速度を脳科学的にあげる方法』（樺沢紫苑著、文響社）、『脳を活かす勉強法　奇跡の「強化学習」』（茂木健一郎著、PHP研究所）

# 第6章　「コミュニケーション」の最適化

● 「職場の人間関係」……『精神科医が教えるストレスフリー超大全』（樺沢紫苑著、ダイヤモンド社）、『嫌われる勇気　自己啓発の源流「アドラー」の教え』（岸見一郎、古賀史健著、ダイヤモンド社）

● 「言葉」……『3つの幸福』、『幸福優位 7つの法則　仕事も人生も充実させるハーバード式最新成功理論』（ショー

ン・エイカー著、徳間書店）

●「伝える」……『アウトプット大全』、『1分で話せ　世界
のトップが絶賛した大事なことだけシンプルに伝える技
術』（伊藤羊一著、SBクリエイティブ）

●「夫婦関係」「自宅仕事」（夫婦編）……『3つの幸福』、『な
ぜ夫は何もしないのか　なぜ妻は理由もなく怒るのか』（高
草木陽光著、左右社）

●「感情」……『人生うまくいく人の感情リセット術』（樺
沢紫苑著、三笠書房）、『精神科医が教える病気を治す感情
コントロール術』（樺沢紫苑著、あさ出版）

●「つながり」……『ストレスフリー超大全』、『ニューヨー
ク大学人気講義 HAPPINESS（ハピネス）：GAFA時代
の人生戦略』（スコット・ギャロウェイ著、東洋経済新報社）、
『親切は脳に効く』（デイビッド・ハミルトン著、サンマーク
出版）

## 第7章　「健康」の最適化

●「運動」……『ブレインメンタル強化大全』、『脳を鍛える
には運動しかない！』（ジョン・J・レイティ著、NHK出版）

●「ダイエット」……『ブレインメンタル強化大全』、『トロント最高の医師が教える世界最新の太らないカラダ』（ジェイソン・ファン著、サンマーク出版）

●「ストレス」……『ストレスフリー超大全』、『スタンフォードのストレスを力に変える教科書』（ケリー・マクゴニガル著、大和書房）

●「水分補給」……『最強の「選択」』

●「コーヒー」……『SLEEP 最高の脳と身体をつくる睡眠の技術』（ショーン・スティーブンソン著、ダイヤモンド社）、『健康の正解』

# 第8章 「人生」の最適化

●「行動」……『アウトプット大全』、『GIVE ＆ TAKE「与える人」こそ成功する時代』（アダム・グラント著、三笠書房）

●「幸福」……『3つの幸福』、『幸せがずっと続く12の行動習慣』（ソニア・リュボミアスキー著、日本実業出版社）

●「人生」……『ストレスフリー超大全』、『3つの幸福』

イラスト　岡田丈
編集協力　桝本誠二（クリエイターズアイ）
カバーデザイン　菊池祐（ライラック）
DTP　エヴリ・シンク

## 樺沢紫苑 （かばさわしおん）

精神科医、作家

1965年、札幌生まれ。1991年、札幌医科大学医学部卒。2004年から米国シカゴのイリノイ大学に3年間留学。帰国後、東京にて樺沢心理学研究所を設立。

「情報発信を通じてメンタル疾患、自殺を予防する」をビジョンとし、インターネットのフォロワー累計60万人以上に精神医学や心理学、脳科学の知識・情報をわかりやすく伝える、「日本一アウトプットする精神科医」として活動している。

　シリーズ累計80万部の大ベストセラーとなった『学びを結果に変えるアウトプット大全』『学び効率が最大化するインプット大全』（ともにサンクチュアリ出版）など累計36冊、180万部以上の著書がある。

YouTube「精神科医・樺沢紫苑の樺チャンネル」

樺沢紫苑・公式メルマガ

# 今日がもっと楽しくなる行動最適化大全
## ベストタイムにベストルーティンで常に「最高の1日」を作り出す

2021年7月8日 初版発行
2021年12月10日 6版発行

著者　　樺沢紫苑
発行者　青柳昌行
発行　　株式会社KADOKAWA
　　　　〒102-8177　東京都千代田区富士見2-13-3
　　　　電話　0570-002-301（ナビダイヤル）
印刷所　大日本印刷株式会社